ことば と プレイセラピー

乳幼児期のこころを育む心理臨床

黒川嘉子

創元社

目次

序　章　乳幼児期の心理臨床　　　7

乳幼児期という過程　8
はじめの100か月の育ち　9
心理臨床の専門性　11
本書の構成　13

第1章　言葉が生まれる空間　　　17

1歳6か月児健診という契機　18
infantとの会話　19
主観的体験の共有　21
視線を合わせる体験──言葉の遅れをもつ男児の事例から　23
情動調律と見つめ合い　27
同一でないことで生じる空間　30
描画に見るpotential space　32

第2章　大人と子どものあいだで生じる秩序の揺らぎ　　　39

infantからtoddlerへ　40
虐待不安　41
domesticに潜む目的性　42

3

秩序を揺るがす子ども　45
セラピー空間の抱える機能　47
汚れと実在性　49
プレイセラピストとして　52

第3章　子どもの「ことば」に見る音の響きと身体性　55

プレイセラピーにおける言葉の問題　56
Stern, D. N. に見る両刃の言葉　58
子どもの「ことば」　60
移行対象としての言葉　62
ことばがもつ音の響き　65
音と呼び名のあいだ　67
「ことば」の記録　70

第4章　乳幼児のことばに見る音感性の移行対象
──移行対象としての言葉を捉える試み　73

乳幼児期の「不思議なことば」調査　74
「不思議な言葉」調査の概要　75
分離を受けとめる「ことば」　79

第5章　表情を感じる体験世界
──人との関係性・モノとの関係性　83

相貌的知覚　84
人の顔への敏感性　85

表情を理解する体験　87

モノたちの表情　90

文字や「ことば」の表情　92

あらためて顔の表情　95

第6章　眠ることにおける不確かさの体験　99

乳幼児期の睡眠と離乳　100

Winnicottの移行対象・移行現象理論　101

移行対象・移行現象の実際　104

共に在ることと一人でいること　110

就眠と遊びの不確か　112

乳児期後半の子どもの体験世界　115

第7章　体験の中間領域から見る幼児の物語り　119
　　　　――CAT日本版図版を用いて

橋渡しをする言葉　120

子どもの語りを聴くこと　122

CAT日本版実施の概要　124

物語の形態分類と「物語る－聴く」プロセスの検討　125

中間領域における「物語る－聴く」体験　133

第8章　プレイセラピーにおける実在性（actuality）　135

プレイセラピーに対する長い迂回路　136

遊びの中で表出されていること　137
おもちゃという言葉　139
遊びのゴール　142
子どもの「ことば」と大人の言葉　144

終　章　147

不確かさのなかの確かさ　148
乳幼児期のこころを育む環境　149

あとがき　151
文献　154
初出一覧　165

序章

乳幼児期の心理臨床

乳幼児期という過程

　乳児を表すinfantは、言葉が出ていない、話すことができない、物語ることのないという意味をもつ。およそ1年をかけて、初語と呼ばれる何か意味のある言葉を話し始める頃、乳児は、立ち上がり、何度も尻もちをつきながらも、小さな歩幅で前に出る初歩も見られるようになる。幼児を表すtoddlerは、歩き方がまだ不安定でよちよち歩きの様子から来ている語であるが、歩き始めた幼児は、新たな身体運動機能を獲得した喜びとともに自分が思うままに探索に出かけ、何かを発見するようになる。安全基地となる養育者などとの関わりの中で、発見した事物やさまざまな情緒的体験が共有され、少しずつ自分の体験していることを言葉でも知るようになり、言葉で自分の体験を他者と共有するようにもなる。そして園生活などにより体験世界も広がり、やがて自分のことを物語るようにもなる。

　生き生きとした"乳幼児像"が目に浮かぶが、乳幼児期の心理臨床に携わっていると、このプロセスがいかに個性的でダイナミックで複雑なものかを思い知らされる。たとえば、infantでなくなる発語についても、小椋ら（2015）が詳しく示しているが、18か月で108語くらい表出している子どももいれば、5語くらいの子どももいること、理解語についても、18か月で約68語から約340語のあいだに80％の子どもが含まれる。言葉の発達は個人差が大きいものであると一般的にも認識されているが、同じ18か月においてこれほどの幅があることは、子どもの体験、養育者の体験を随分と多彩なものにしていることが想像できる。さらには、11か月頃に歩き出し、活動範囲が広がった子どもの初語が2歳頃という

ともある。必ずしもinfantの次がtoddlerとは言えず、infantであり
toddlerであるという重なり合いや、喃語やジャーゴン様のおしゃべり
はたくさんしていたが言葉がなかなか出ないなど、そのプロセスは単純
でないことが当たり前である。

　身体・運動発達、認知発達、言語発達、社会性の発達など、領域ごと
に見ると、一定の順序性や方向性があり、個人差を前提としながらも、乳
幼児期には発達のマイルストーンがある。いつ頃、何ができるようになる
かは、見えやすくわかりやすい。養育者にとって、子の成長を確かめる目
安にもなる。しかし、発達は、養育者をはじめとした環境との相互作用の
中、身体・運動と認知、言葉や社会性が互いに影響し合って進んでいく。
Music（2011 / 2016）が、子どもは皆、異なる気質と遺伝的要素をもって生
まれてくるが、その子を取り巻く環境との文脈の中で発達し、その文脈
は複雑で、発達プロセスは単線的ではないと述べているとおり、その子、
その人に備わっているものが、どのような文脈でどのように顕在化する
かは、不確かさを含んだpotential（潜在的可能性）と言えるであろう。

はじめの100か月の育ち

　たとえば、発達支援の親子教室に通う2歳の男児の例を取り上げる。1
歳6か月児健診後の発達相談において、認知面、言語面ともに遅れがみ
られ、落ち着きなく動き回る様子から親子教室を勧められた。母親は、
外遊びに連れて行ってあげたいが、次子を妊娠中の身でパッと追いかけ
られないためにどうしたものかと悩んでおり、親子教室が安心して遊べ
る場の一つとなっていた。母親の里帰り出産のため親子教室を半年間ほ

ど休み、再来室した際、その男児は"お兄ちゃん"になったという雰囲気で、驚くほどに落ち着き、グループでの活動も楽しんだ。言語面は語彙が増えただけでなく、疎通性がよくなり、男児からもおじいちゃんと一緒にどんなことをしたのか話してくれた。里帰り中、男児は祖父の農作業を手伝ったり、祖父にくっついて過ごしていたとのことで、母親も含め、里に抱えられた体験だったことがうかがえた。

　後から記録を見直して気がついたことだが、この男児は、里帰りをする数か月前の発達検査場面において、傘の絵カードを見て、♪あめあめふれふれ、じっちゃんが〜♪と替え歌にして歌っていた。「かさ」という名称は言えないけれども、傘にまつわる祖父との情緒的な関わり合いや祖父とのアタッチメントが伝わってくる。滝川（2024）が、形式的には概念や規則からなる抽象的な記号体系でしかない言語を、生き生きとしたものとして共有でき、体験世界をリアルに分かち合えるのは、情動的な共有体験に支えられているからであるとし、「人間の言語は情動に裏打ちされている」と述べていることを、まさにこの例は示している。

　アタッチメント対象との情緒的関わり合いが、複雑な文脈の中で発達を下支えしていることは、同時に、アタッチメントの形成が困難であることや、虐待など情緒的関わりが不適切であることも、子どもの発達に影響を与えることを示している。さらに、そうした幼児期までの環境との相互作用による体験が、脳の発達だけでなく、免疫反応や代謝調節機能などの生理学的システムにも影響を与え、生涯にわたる心身の健康に深く絡んでいることが明らかにされてきている（友田, 2017; Shonkoff, 2022など）。日本においても、人生におけるウェルビーイングに寄与するという観点から、出生前の10か月と0歳〜6歳の84か月、そして小学校入学の12か月を含めた「幼児期までのこどもの育ちに係る基本的なビ

序章　乳幼児期の心理臨床

ジョン（はじめの100か月の育ちビジョン）」（こども家庭庁, 2023）が2023年12月に閣議決定された。すなわち乳幼児心理臨床は、今、目の前にいる乳幼児と養育者を対象としているだけでなく、その親子、家族のライフコースに影響を与え、長期的視点で心身の健康に対する予防的意義をもつことになる。

心理臨床の専門性

　そうではあるが、乳幼児心理臨床の領域で関わることの多い発達障害の早期発見と発達支援を定めた発達障害者支援法（2005年施行、2016年改正）において、発達支援とは、「発達障害者に対し、その心理機能の適正な発達を支援し、及び円滑な社会生活を促進するため行う個々の発達障害者の特性に対応した医療的、福祉的及び教育的援助」（第二条4）と定義されている。どうして、心理機能の発達を支援する心理的援助が含まれていないのであろう。社会生活を円滑に送れるように支援する心理的援助という文言もない。ましてや、発達障害の疑いがある場合には、必要に応じて、「医学的又は心理学的判定を受けることができるよう」（第五条3）、保護者に対して専門機関の紹介や助言をおこなうとされ、心理学的アセスメントによる特性の理解を支援の前提としているにも関わらず、心理的援助には触れられていないのである。

　こうした現状を踏まえつつも、発達障害における心理的援助は、本人と保護者・家族を対象として心理教育から心理療法まで幅広く、応用行動分析などの行動理論からのアプローチ、精神分析的アプローチやプレイセラピーまで多岐にわたる。ただ、心理的援助の共通性は、援助者が

11

被援助者へと一方向におこなうという関係性ではなく、アセスメントの視点をもちながら援助者と被援助者の信頼関係を基盤とした「共にある」関係性である。医療的、福祉的、教育的援助でも当然信頼関係が基盤となるが、その関係性は背景要素である一方、心理的援助においては、その人とその人との個別の相互作用から生じる関係性を育むことこそが重要となる。多くの専門家（山登, 2011；山﨑, 2015；兼本, 2020など）が指摘しているように、発達障害特性のある子どもは、周囲の人や環境との関係性によって、臨床像や適応の状態が著しく異なる経過をたどる。発達障害者支援法の改正（2016）において、「相互に人格と個性を尊重（意思決定の支援に配慮）しながら共生する社会の実現」（第一条）が掲げられていることを踏まえると、関係性を育む心理的援助の専門性を明確にし、実践していくことが大きな課題と言える。

　また、児童発達支援ガイドライン（こども家庭庁, 2024）では、「はじめの100か月の育ちビジョン」を共有する理念や基本的な考え方として理解したうえで、障害の有無にかかわらず、すべての子どもが意見を表明する権利の主体であることを認識し、言語化された意見だけでなく、子どもの障害の特性や発達の程度を理解したうえで、それに応じたコミュニケーション手段により、さまざまな形で発せられる思いや願いについて丁寧に汲み取っていくことの重要性が述べられている。心理臨床家は、まさにそうした思いや願いを「聴く」専門家である。子どもに限らず大人にも当てはまるが、言葉にならない思い、言葉に隠された思いを、さまざまなチャンネルを用い、微妙なチューニングをおこない聴こうとする存在である。

　もちろん多職種連携のもとそれぞれの専門性を発揮して、子どもと養育者、子どもが育つ環境を支援し、共に育むことが肝要である。ただ、

序章　乳幼児期の心理臨床

心理的援助は、「心」という見えるものではなく、感じるものを扱っている。それは、客観性と論理性とは対極にあるような主観的で情緒的なものであるが、乳幼児期は、まさに主観的で情緒的な関わり合いが基盤となって信頼感や安心感を培っていく。

本書の構成

　そこで本書では、筆者が臨床場面で関わった子どもと養育者、調査場面で関わった子どもと養育者はもとより、乳幼児期の子どもと養育者の様子が生き生きと捉えられる素材として、雑誌や新聞に寄せられた子どもの声やそれに対する親の声、絵本や児童書に描かれている子どもの体験世界やその作者の声なども取り上げ、受け取り手（読者）の心が動くことを大切にした。

　第1章は、本書のテーマである「ことば」がどのように生まれてくるのか、発達相談場面の臨床事例を示して検討する。言葉の下地になる情動的体験の共有について、微妙な情動調律の様相や視線の交わり、そして描画から、potential space が広がるプロセスを示す。

　第2章は、乳幼児を育てる養育者が抱える不安や負担感の背景について、秩序を揺るがす子どもの野生性や汚れへの親和性を絵本などを素材に検討する。目的－手段関係でないあり方や身体感覚とつながっている体験が実在感をもたらすことについて考察し、プレイセラピストも含め大人と子どもの関係のあり方を論じる。

　第3章は、社会化されて他者と共有できる「言葉」と子どもが創り出す独特の「ことば」について検討する。子どもたちの「ことば」を掬うこ

13

とで、音の響きという身体性をともなった「ことば」が移行対象としての性質をもち、意味内容の理解ではなく体験の共有を可能にするという特徴について考察する。

第4章は、第3章で論じた移行対象としての言葉の実態を捉える試みとして実施した調査研究の結果から、子ども特有の「ことば」の様相を示す。それらは親子の情緒的関わり合いのなかで育まれるということや、体験と言葉の隔たりに対する感受性をもつことの大切さを検討する。

第5章は、乳児期早期から示される人の顔への敏感性は、情緒的応答性や社会的参照などの情緒的関わり合いに重要な意味をもつことから、表情を感じる体験世界について、人の顔からだけでなく、モノに対しても表情を感じ取る相貌的知覚も含めて検討する。第1章で取り上げた事例の経過も示し、自閉スペクトラム症の主観的体験への理解も深める。

第6章は、3例の母親からの語りから、Winnicott（1953）が示した移行対象について検討する。眠るという体験が、日々の関わり合いなかで、つながりながら離れていくという体験となることや遊ぶことの本質でもある不確かさを含むことなどを考察し、幼児期後半の子どもが感じる揺らぎの意味を考える。

第7章は、幼児期後半の子どもが物語ることとその物語りを聴くというプロセスの特徴を、幼児・児童絵画統覚検査日本版（CAT日本版）（戸川, 1955）を用いた調査研究から検討する。子どもの物語りからは、在－不在のテーマが見え隠れするとともに、言葉のもつ逆説が成り立つ中間領域の特徴が示され、聴く側の体験も吟味する。

第8章は、身体性をともなう実存的な問いに向き合うプレイセラピーにおける実在性（actuality）について、プレイセラピー事例を取り上げて

論じる。遊ぶことの中間領域において、玩具も含めた子ども特有の「こ
とば」と、大人であるセラピストの言葉がどのように関わり合うのか検
討する。

　この第1章から第8章までが乳児期から幼児期後半までの情緒発達過程
となるようにし、子どものこころが育つということ、子どものこころを
育むということについて、移行対象概念を中心としたWinnicott（1971 /
1979; 2015; 1965 / 2022など）の情緒発達理論や、情動調律を中心とした
Stern（1985 / 1989）の他者と共にある自己感の発達理論を軸に検討してい
る。

第 1 章

言葉が生まれる空間

1歳6か月児健診という契機

　乳幼児健康診査（以下、乳幼児健診）は、母子保健法（第12条および第13条）の定めるところにより、市町村において、1歳6か月児健診と3歳児健診は義務として実施され、3〜5か月児や9〜12か月児など他の時期も必要に応じて実施し、受診が勧奨されている。2022年度の受診率は、法定健診である1歳6か月児健診は96.3％、3歳児健診は95.7％、そして3〜5か月児健診も96.1％であり（厚生労働省, 2024）、コロナ禍の影響を受けながらも非常に高い受診率が維持されている。それだけ乳幼児の養育者にとって、月齢に応じた子どもの健康状態や発育状態を確認する機会として根付いている表れと言える。

　そうした乳幼児健診において、なるべく早期に適切な発達支援をおこなうために、発達障害の早期発見に十分留意しなければならないことが発達障害者支援法（第5条）で定められている。さらに、発達障害の疑いがある場合は、保護者に対して継続的なサポートをおこないながら、早期に子どもが医学的または心理学的判定を受けることができるように関わることが明記されている。1歳6か月児健診は、一人歩きと意味のある言葉を話すようになるちょうどinfantとtoddlerの移行段階に位置しているが、発達障害（の疑い）があるかどうかをスクリーニングする場という意味合いが強くなっている面は否めない。

　たとえば健診時にまだ言葉が出ていない場合、簡単なやりとりができていたり、指さしで伝えようとしたり、周囲の人や子どもに関心を示すか、名前を呼んで反応するか、好きなおもちゃでどのように遊ぶかなども含めて、発達上の問題が予測されるかどうか検討される。DSM-5-TR

（American Psychiatric Association, 2022 / 2023）による自閉スペクトラム症の診断基準においても、言葉の有無ではなく、社会的コミュニケーションや対人的相互反応が観点として挙げられている。言葉の発達は個人差が大きいことも踏まえ、健診では「もう少し様子を見てみましょう」と経過観察となり、その子どもなりの成長発達を見守ることになる。

　ただし、養育者は、そのうち話すようになるかなという期待と、いつになったら話すようになるのかという不安や焦りに揺れながら過ごすことになる。次第にできないことの方に目が行き、発達障害に関する情報をネット検索して、わが子の様子が発達障害の症状や特性に当てはまるかどうかと調べるほどに不安が増大し、相談機関に来談するということも少なくない。もちろん専門家であっても、いつ言葉が出るかどうかなどを言い当てて養育者を安心させるようなことはできない。言葉を話せるようになるか、発達障害かどうかと問う養育者の心配や不安に対して、0か100かの答え方ではなく、言葉の下地となる情緒的関わり合いを育む支援、子どもと養育者の情緒的体験を共有していく支援で応答していくという専門性のなかで、riskの方に大きく傾いた可能性のベクトルがpotentialの方にも向いていくのではないだろうか。

infantとの会話

　「一人の乳児と言うのは存在しない。母親と対をなす乳児しかいない」というWinnicott（1952 / 1989）の表現に戻ると、言葉の面においても、乳児は生まれながらに養育者との関係性の中に位置している。養育者は、乳児がまだ言葉を話していないときから、あるいはまだ胎内にいる

ときから多くの言葉をかけている。生まれる前から準備した名前や愛称を呼びかけ、胎動からその子の性格や状態を想像して話しかけ、生まれてからは泣き声や表情などから、空腹かどうか、機嫌はどうか、気持ち悪くないかといろいろたずねており、意味をもった言葉とともに関わっている。乳児が意味をもった言葉を話し出す前は前言語的段階と言えるが、関わり合いの点から考えると、前言語的関わり合いと言語的関わり合いの境界は曖昧になる。

　また、乳児も、生後数週間のうちに、マザリーズ（motherese）やペアレンティーズ（parentese）と呼ばれる乳幼児に向けた発話（Infant Directed Speech : IDS）の音楽的な韻律に対して強い関心を抱き、自身の表現を養育者の表現と同調させようとすることによって、関わり合いに積極的に参加することができる（Mazokopaki & Kugiumutzakis, 2009 / 2017）。2、3か月の乳児はクーイングと呼ばれる「あ〜あ〜、く〜、う〜」といった柔らかい声を出し、6か月頃からは「ウンバァ、バァ、バァ」「ウンマンマ、マンマ、マンマン」と喃語で、まるで何かをしゃべっているかのようにもなる。養育者は「へえ、そうなん」「うん、うん、お腹いっぱいなのね」など適当な合いの手を入れて、双方向の関わり合いが生じてくる。乳児は、より注意深く、探索的に、そして、活発に反応や模倣ができるようになり、より遊び心に満ちた音や動きを産出するようになると、今度は乳児に対する養育者の発話も変化するようになるなど、互いにリズムを合わせ、順番交代に話し、まるで会話を楽しんでいるようになる（久保田, 2020）。

　そうではあるが、infantとの会話は、言葉の意味内容を共有する対話（dialogue）とはならず、どこか養育者が「私一人がしゃべっていて……」と独り言（monologue）の様相がある。泣いている乳児に、その泣きの意

味を模索し、試行錯誤しながら、自分の関わりによって泣きやみ落ち着いてくれると、それが答え合わせとなるが、何をしても泣きやまず、意味がわからないままとなることもある。陽気な話し方とメロディーが特徴的なIDSは、子どもとの肯定的な情緒的関係を促進する働きをもつとされるが（Music, 2011/2016）、乳児からの反応や発声が乏しいとなおさら一人芝居のようにもなる。乳児が意味のある言葉を話すようになることは、養育者にとって"独り"という孤立感を癒してくれる働きもあるのかもしれない。

主観的体験の共有

　生後間もなくからこれだけの音や声による関わり合いがおこなわれているが、9か月頃に見られる「指さし行動」は、言葉の前段階に見られる視線による関わり合いとして注目される。乳児は軽く人差し指を立て、少し離れたところにあるモノに対して、「あ〜」という声とともに指さし、養育者の顔を見たりする。養育者は、乳児のその指と声につられて、指さされた先にあるモノを見て、「あれは○○ね」や「あれが欲しいの？」などと言いながら乳児に視線を向ける。指さし行動は、他者と共に対象に視線を向けるという「共同注意（共同注視）（joint attention）」の行動であり、他者と意図や情動を共有する間主観的関わり合い（Stern, 1985 / 1989）の現れである。

　7〜9か月の乳児は、行動しようとする意図、感情状態、注意の的といった自分自身の内的主観的体験を、自分ではない他者と共有できるという認識にいたる。つまり、自分と同じように他者にも内的主観的体験、

いわば「心」があることに気づき、指差しの向こう側に見えない心の線をつなぐことができるのである。これは、周囲のモノに対する興味とそれを人と分かち合おうとするものであり、モノを頂点にして、人と人との関係が底辺の三角形が形作られる。北山（2005）は、日本の浮世絵に描かれている母子図を用い、共に眺める関係においては情緒的交流が盛んにおこなわれていることを示している。ちょうど8か月不安と呼ばれる人見知りが顕著になる頃であるが、ハイハイなどによって探索活動が広がりをもつようになり、危険なのか、安全なのかと、養育者に視線を送り、その表情から判断するという社会的参照（social referencing）が見られるのもこの時期である。乳児は身体的な距離を取りながらも、視線を介し、表情や声の調子などとともに、養育者と心がつながっているということを体験しているのである。

　さらに遡って、乳児の視線が他者の顔、とりわけ目をしっかりと捉えるのは生後2か月頃とされる（Stern, 1985 / 1989；大藪, 2004）。ヒトの顔に対する微笑反応が明確になる時期であり、直接的な目と目の触れ合い、見つめ合いが盛んにおこるようになる。共同注意の研究者である大藪（2004）は、「乳児は相手から投げかけられた視線を感じとるとき、身体が共鳴し、自らもまた視線を投げかける態勢に入っていく。大人が乳児にまなざしを放つとき、乳児もまた大人にまなざしを放つ主体として活動し始める。このとき視線が結ばれるのである。この"視線の結節点"とも言うべきものの存在、それが人間の乳児と大人との見つめ合いの特徴であり、そこに自他以外の対象物の第三項として登場する場所が用意されることになる」と述べている。つまり、生後2か月頃からの乳児と養育者との見つめ合いが、言葉の前提ともなる共同注意の重要な契機になっているとされる。

第1章　言葉が生まれる空間

　確かに、言葉に問題を抱えている子どもの中には、視線の合いにくさも気になる様子として認められる。3・4か月児健診において、視線の合いにくさや表情の少なさなどが気になる乳児と養育者に対して、超早期支援の実践例も報告されているが（河村, 2009）、大藪（2004）の言う「自他以外の対象物が第三項として登場する場所」はどのように生まれうるのであろうか。第三項の出現によって、乳児と養育者は直線の関係から、あいだに空間をもった三角形の関係が可能になる。これはまさに、Winnicott（1971 / 1979, 2015）が示した潜在空間・可能性空間（potential space）として考えることができるのではないだろうか。乳児と養育者のあいだに潜在している空間が、共に何かを眺め、何かを思い、何かを語らう可能性に満ちた空間に、一体、どのようにしてなるのだろう。

視線を合わせる体験——言葉の遅れをもつ男児の事例から

　こうした問いを考える手がかりとして、言葉の遅れを主訴に発達相談に訪れた男児と筆者（セラピスト、発言は〈　〉）とのやりとりを示す。発達状況の確認のため発達検査（新版K式発達検査）を用いているが、本論では、検査用具や検査課題を介した主観的体験を含めた関わり合いに焦点を当てる。

【事例の概要】

　A（男児）。2歳3か月時に、名前を呼んでも反応しない、挨拶をしない、単語が少し出ているだけで言葉を話さないことを主訴に母親と来談。1歳6か月児健診で言葉の遅れを指摘されるが経過観察となり、その後、

折に触れ、保健師から電話で確認があるも、特別な対応はしてきていない。Ａは第３子で、両親、きょうだい２人の５人家族。家では、一人でお気に入りの絵本や自分の写真を貼っているアルバムを見ることが好き。きょうだいがしているゲームやテレビの歌を少し真似ることもある。きょうだいが通う幼稚園に行く機会があるが、大勢の子どもたちがいることを嫌がる。母親や父親に対して呼称は出ていない。母親を呼ぶときも、嫌なときも、要求も、すべて「おっぱい」という一語で表す。母親としては、言葉の遅れとともに、外でも大きな声で「おっぱい〜！」と叫ばれることが恥ずかしい。家では「普通に遊んでいる」ため特別に心配する必要もないのではとも思う。呼んでも反応しないＡのことを「性格なのでしょうか？　この子は（私を）無視します」と語る。

【関わり合いの様子】

　初回、母親に抱かれて来所したＡは、母親が靴を脱がせようとしたときに少しぐずった声を出すものの、そのまま自分で靴下をひっぱり脱いで、部屋の中をウロウロと歩き回る。視線は定まらず、地に足が付いていない感じで全体に漂っているような印象を受ける。子ども用の机と椅子があるところから、セラピストと母親がＡの名前を呼ぶが、まったく反応する気配がない。セラピストは名前を呼びながら、机の上に積み木を出してカチカチと音を立ててみる。すぐには反応しないが積み木の音は聞こえたようで、Ａの視線が漂いの中で積み木を捉え、セラピストと視線が合うことはなく着席するにいたる。

　Ａは声を出すこともなく、静かな空気の中、積み木を積み始める。指先の力は弱々しいながらも、微妙なバランスを保って積んでいく。息づかいから、少しずつＡが自分の目線より積み木の塔が高くなっていくこ

第1章　言葉が生まれる空間

とを楽しんでいるようにセラピストに伝わってくる。崩れては、また積み上げていくということを何度も繰り返している中で、セラピストは小さな声で〈よいしょ、よいしょ〉とＡの積む動作に合わせて声をかけてみる。すると、Ａは一瞬手をとめて、セラピストの声を聞き、その声を自分の身体の中に入れるかのような間を示す。そして互いに息を合わせて再開とでもいうように、セラピストの小さな〈よいしょ、よいしょ〉の声とともにＡは積み木を積んでいく。

　積み木の他に興味を示したものは、丸と四角の穴があいた木の箱に、穴の形にあった丸棒や四角い角板を入れる「課題箱」や、〇△□の穴があいた板に形の合う板をはめる「はめ板」の検査用具であった。「課題箱」で丸棒や角板を入れては、箱から取り出すことを嬉々として繰り返すＡの様子から、“在－不在”のテーマを受け取ることができた。Ａが箱の中に丸棒などを入れると〈あら、いなくなったね〜〉、箱の中に手を突っ込んで、丸棒や板を出してくると〈あった〜〉という言葉をかけ、セラピストは母親にも〈いない・いない・ば一遊びを楽しんでみてください〉と伝えた。

　2歳6か月になったＡは、3か月前のことを覚えているように真っ直ぐ着席して、積み木を積み始める。挨拶するセラピストには目もくれず、積み木を積みながらジャーゴン様の柔らかい声をよく出している。楽しい気持ちが声となって出ているようで、Ａなりにたくさんおしゃべりをしている様子。セラピストも嬉しくなってきて、〈楽しいね〜〉〈おもしろいね〜〉と言葉をかけたり、積み木が一段落すると〈次、何しようか〉などと話しかけている。Ａは、セラピストの声に反応して身体ごと動かしているものの、視線を合わすことはない。「どーぞ」「ありがと」「まる」「ほっぺ」などの語彙が出てきたが、言葉と行為、言葉と名称が対応し

25

ているわけではない。また、絵カードを指さす可逆の指差しなども見られなかった。

　母親からこの3か月間の家での様子を聞いている中で、「おっぱい」という言葉のほかに、「メリークリスマス」と「ほっぺにチュ」という言葉がお気に入りであるということが話題になる。クリスマスに近い時期ではないため、半年ほど前にきょうだいが歌っていたこと、クリスマスのビデオを見ていたことなどが思い当たるが、なぜ今頃「メリークリスマス」という言葉がお気に入りなのかわからないとのこと。母親が話している中で「ほっぺにチュ」という言葉を言うと、Aは嬉しそうに振り返り、母親の体によじ登って頬にチュッとして抱きつく。あまりにも嬉しそうなAに、セラピストは驚きつつ〈ほっぺにチュが好きなの〜〉と話しかけると、キャッキャッと笑い声をあげ、母親に抱きついたままセラピストの顔をジーっと覗き込んできた。

　3回目の2歳10か月時、来所途中で嫌なことがあり泣きながら到着。部屋の様子、特にいつもの机と椅子をジッと見て泣きやみ、早速積み木を積み始める。すると、Aから「よいしょ」「よいしょ」と自然に声が出る。次に検査用具であるプラスチックの大きさの異なる入れ物を手にして、上から下から詳細に観察している。両手に一つずつ入れ物をもって、一方からもう片方へと注ぐしぐさ。セラピストは、母親からAが水遊びを楽しんでいることを聞いていたので、Aの動作に合わせて〈ジャー〉と水を注ぐ音をそっと添えてみる。Aは、その音がピッタリきたようで、少し驚きの混じった喜びの表情とともにセラピストの顔をジッと見る。そして視線を外し、その声を期待するかのように数回水を移しかえる見立て遊びをする。セラピストもAの動作に合わせて、〈ジャー〉と効果音のように声をかける。

第1章　言葉が生まれる空間

　また、描画をしていたＡは、発音不明瞭ながらお気に入りの♪ゲンコ
ツ山のたぬきさん♪を口ずさむ。特に♪おっぱいのんで〜♪のフレーズ
が好きで、「とっぱいと〜ん」と何度も歌おうとする。歌いたいのだけ
れど、上手く言葉がつながって出てこない様子で、セラピストは、そっ
と〈おっぱいのんで〜、ねんねして〜〉と合わせて歌ってみる。すると、
表情が緩み、セラピストの顔をチラッと見る。その後もＡ自身が発音は
不明瞭ながらも「おっぱいのんで〜」と口ずさみ、チラッとセラピスト
を見て誘うような素振りを示す。とうとうＡとセラピストが声を合わせ
て、一緒に歌を歌うということが起こった。

情動調律と見つめ合い

　まず2歳3か月時のやりとりは、お互いの息づかいや鼓動までが関わ
り合いの媒体となっているような一種の緊張感がある。Ａは決して視線
を向けないが、セラピストの存在を全身のセンサーで感じていることは
伝わってくる。そのような身体感覚を用いた関わり合いの中で、セラピ
ストは、Ａが積み木を積んでいるところに、小さく〈よいしょ〉とそっと
言葉（声）をかけている。Ａの動きが一瞬とまったとき、Ａは自分の内的
状態と聞こえてきた声のトーン、強さ、リズムなどをなぞらせるような
ことをしていたのではないだろうか。ここではまだ、Ａにとってセラピ
ストが、自分とは異なる存在である他者としては認識されていないよう
であるが、自分だけで感じていた情動を外側からやってきた声と合わせ
ることで、自らの内的状態を音やリズムという形で再体験したのであ
る。

3か月後、Aは盛んにジャーゴン様の声を出して自己の内的状態を表現している。Aから伝わってくる楽しい気持ちをセラピストも感じ、セラピストも言葉をたくさんかけている。つまり、楽しい、嬉しい、盛り上がっちゃう〜というような感情状態を共有しているのである。そして、セラピストが〈ほっぺにチュ〉とAの大好きな言葉を言ったとき、その言葉に反応して声を出して笑うだけでなく、誰が言ったの？　どんな顔で言ったの？　どうして一緒に笑っているの？　どうしてこの言葉が楽しいことを知っているの？　というような問いを発しながら、それを確かめるかのようにセラピストの顔をジッと見つめたのであった。Aとセラピストの視線が初めてしっかり合った瞬間である。

　また、2歳10か月時の水を注ぐ見立て遊びが生じたときも、セラピストが〈ジャー〉という水の音を出したことに、どうしてわかったの？　ととても不思議な気持ちになったようである。Aの中でイメージとなりかけていたものとセラピストの出した声（音）が出会った瞬間、それは輪郭をなし、Aはセラピストを他者の存在として見つめることが起こった。Aは、「体験を共有する」他者としてのセラピストを意識し、関わりを求める素振りを見せるようになる。そして、あくまでもAの刺激域を意識した慎重な関わりであるが、Aの誘いで一緒に歌を歌うなど、Aとセラピストのあいだには共に遊ぶ空間（potetial space）（Winnicott, 1971 / 1979, 2015）が広がっていくことになったのである。

　ここでの関わり合いは、Stern（1985 / 1989）の示した情動調律として捉えることができる。情動調律とは、外部に表れた行動の形式に焦点を当てる模倣を越えて、出来事を鋳直し、行動の背後にあるものや共有された感情へと注意の的を移したものである。セラピストは、Aの息遣いから気持ちの高まりの程度、何をしようとしているのかなどの意図や感情

状態を、身体感覚もすべてを動員して感じ取ろうとし、声の大きさ、抑揚がAに相応するように調整しながら言葉をかけている。これは、呼吸のテンポや〈楽しいね〜〉と言いながらもワクワクとした情動の動きといった活性化輪郭（activation contours）にチューニングしており、驚きや不安、喜びなどのカテゴリー化される情動だけではなく、"ピンと張りつめた"、"次第に盛り上がる"といった生気情動（vitality affect）での関わり合いである。Stern（1985 / 1989）が「乳児の経験する社交の世界は、形式的行為の世界であるより前に、主として生気情動の世界なのだ」と述べ、「特定の感情内容（a specific content of feeling）ではなく感じ方（a way of feeling）」に重きを置いているように、生気情動が関わり合いの基盤となっている。

　小嶋（1998）は、乳児は、無表情で向き合う母親でも、注意を向けさせようと積極的に働きかける母親でもなく、乳児と同じような表情をしたり、調子を合わせて声を出したりする母親と見つめ合いを起こしやすいことを示している。ちょうど上述の情動調律の関わりであるが、この関わりが乳児にとっては、中等度でかつ新奇性のある刺激となると言う。そして、乳児は、時々目をそらして、また目を戻すという、細かい「見つめる－目をそらす」というサイクルを繰り返しており、このリズムが自己を内的にコントロールする働きをもっていると考えられている。すなわち、視線が合う、見つめ合うという体験には、自己と他者のあいだで知覚様式や行動形式を越えて「行ったり来たり」する力動的な相互作用と、生理的興奮や情動などの状態をコントロールするために、自己の内側と外側を「行ったり来たり」する内的な相互作用が生じているのである。

同一でないことで生じる空間

　では、他者を見つめる子どもは、何を見ているのであろうか。Aがセ
ラピストの顔をジッと見つめる様子は、さまざまな問いを投げかけてく
れている。Winnicott（1971 / 1979, 2015）は、Lacanの鏡像段階論の影響を
認めたうえで、鏡の役割をする母親について「赤ん坊は、母親の顔にま
なざしを向けているとき、一体何を見ているのか。赤ん坊が見ているの
は、通常、自分自身であると思う」と述べている。人は誰しも自分自身
の全体像を、自分一人で見ることはできない。鏡に映った自分の姿を自
己像として同定することによって、また、他者の目に映っている自分を
見ることによってしか、自分を自分として認めることができないのであ
る。Aが初めてセラピストの顔をジッと見つめたとき、好きな言葉で刺
激された嬉しい気持ちやその盛り上がりなどの情動体験が確かなものな
のか、セラピストの顔を覗き込むことによって調べようとしていた。A
自身の体験を、セラピストの顔を見ることによって体験するのである。

　ただしWinnicot（1971 / 1979）は「別の言い方をすれば、母親が赤ん坊
にまなざしを向けているとき、母親の様子what she looks likeは、母親
がそこに見るものwhat she sees thereと関係がある」と続けている。「関
係がある（is related to 対応している）」と表現しているように、鏡像は左右
が反転しており、他者の目に映った自分は、あくまでも他者の目による
ものであり、自分そのものではない。先の情動調律からもわかるように、
乳児と養育者、あるいは乳児とセラピストとの関わりにおいて、知覚様
式や行動形式を越えて、常に乳児に相応するものに変換していることこ
そに意味がある。これについてOgden（1994 / 1996）は、母親の映し返し

の関係は、同一であるという関係ではなく、相対的に同一であり、それゆえに、相対的に相違している関係でもあると述べている。乳児と母親が根本的に別個の存在であることによる差異は、まなざしを向けられる対象としての自分（me）と、母親に映し出されている他者としての自分を見る主体としての自分（I）を分化させることにつながるのである。Ａとセラピストの関わりにおいても、セラピストという異質性をもった他者が介在することによって、自らが体験する主体としてのＡ、セラピストからまなざしを向けられ、言葉をかけられる対象としてのＡという三角形が生まれ得るのである。

　第三項については、言葉が生まれる前提となる「共同注意」で取り上げたが、乳児－養育者（他者）－対象物という三角形は、主体としての自分－客体としての自分－養育者（他者）の三角形のうえに成り立つのではないだろうか。Ogden（1986 / 1996）は、これが象徴－象徴されるもの－解釈する主体への分化につながっていくことを示し、空間がその内部に創り出されるような三角形が生まれる可能性を創造すると述べている。すなわち、言葉－言葉であらわされるもの－言葉の使い手という三角形である。この三角形内の空間では創造性が可能になり、「単に反射的に反応する存在としてではなく、私たちが人間として生きている空間」（Ogden, 1986 / 1996）となる。Ａも初め「おっぱい」や「ほっぺにチュ」というお気に入りの言葉に感覚的に反応していたところから、セラピストの顔をジッと見て「自分」を体験し、次の来所時には「よいしょ」「よいしょ」と自分の行動に自分で言葉を添えて遊ぶようになっている。そして、「おっぱい」という言葉を歌うことによって楽しみ、さらにそれをセラピストと共に遊ぶことが生じている。すなわち、言葉が生まれる空間とは、まさに乳児と養育者（他者）とのあいだに措定され、創造性の可

能性を秘めている「潜在空間・可能性空間 potential space」（Winnicott, 1971 / 1979, 2015）と言うことができるであろう。

描画に見る potential space

　このプロセスをAが描いた自由画から見直してみる。

　初回の2歳3か月時、鉛筆を握り画用紙に力を込めてグッと点を打っていく。あまりに力を込めるので、セラピストの〈よいしょ〉もグッと力が入った声になる。Aはその声と合わせていくつもの点を描いた［描画A-①］。

　2歳6か月時には、クレヨンで思い切り大きく線を描こうとする。色を確かめるように順番に線を引いた後、Aは自分の腕や手首の動きに注意を向けて、くるっと描いてみたいと思っているような様子を示す。息を殺すほど真剣に考えながら挑戦するAを、セラピストも息を殺してクレヨンの動きを見つめながら見守っている。そして、とうとうAなりに手首を返すことができ、スムーズではないが小さく円錯図の萌芽が見られる［描画A-②］。

　2歳10か月になると、画用紙いっぱいにぐるぐる描きをする。まだ円にはならないが、大きな円錯画、小さな円錯画と思いのままに描いている。するとAから機嫌よく「とっぱいとん〜♪」と歌を口ずさむ。先述したように〈おっぱい飲んで〜♪〉とセラピストが歌うと、手をとめて嬉しそうな表情でセラピストを見る。そして二人で歌いながら、Aは、

第1章　言葉が生まれる空間

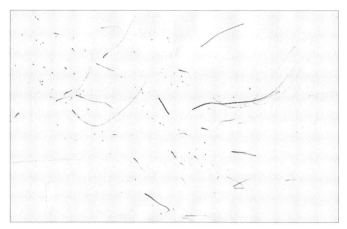

描画A-①

描画A-②

そのリズムに合わせながら円錯画や点を思いのままに描いていった［描画A-③］。

　このように子どもの描画は、その心の状態について雄弁に語る。点から円錯画へと変化していくことは、描画能力の発達的変化でもあるが、Aの心の空間が生まれ出した表れではないかと思われる。ちょうど声や言葉を盛んに使おうとし始め、セラピストとのやりとりの中でも視線を合わせた時期と重なる。点から空間を創り出す丸い描線は、Aの内側に可能性空間（potential space）が広がりつつあることを示しているようである。また、Aは母親やセラピストなど他者とのあいだに、可能性に満ちた空間が広がっていることを描き出してくれたのかもしれない。

　Aのように視線の合いにくい子どもや、言葉の問題を抱える子どもにおいては、視線と視線の結節点から共同注意が起こり空間が生まれるという方向性だけではなく、情動調律といった間主観的関わり合いから視線と視線が結ばれ、そこから空間が生まれるプロセスを見ることができるのではないだろうか。円が描けるようになったAは、次の3歳2か月のとき、来所して真っ先に目をしっかり開いた顔のような絵を描いたのである［描画A-④］。

　そしてこの回、これまで反応しなかった発達検査の言語性課題に取り組む。いくつかのモノの絵から〈ワンワンどれかな？〉とたずねると、Aはイヌの絵の方に視線を送るも指は差さない。母親に甘えるように抱きつき、母親から「ワンワンは？　犬は？」と促されると、ようやくイヌの絵を指さし、そこから調子が出て、他の車や魚なども問いに対して絵を指さし、はさみは「ハサミ」と名称を答えることもできた。身体各

第1章　言葉が生まれる空間

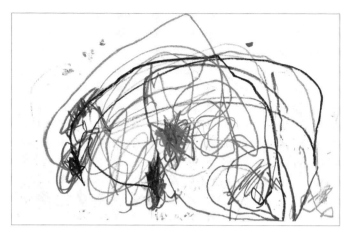

描画A-③

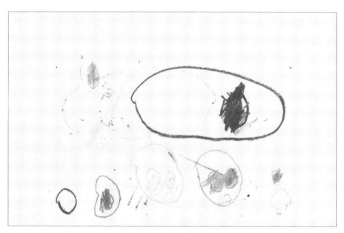

描画A-④

部をたずねる課題で、〈Aくんの目はどこかな？〉にすぐに反応して目をしばたく。しかし、自分の目を指さすことにはためらいをみせ、机の模様であったクマの絵の目を指さした。鼻、口、耳についても、机にあるクマの部位を指し、セラピストや母親と〈そうやね〉と一緒に確認できることがとても嬉しそうであった。

　指さしが出るようになり、母親やセラピストなど他者とのあいだで共同注意が成立している。Aがはさみの絵カードを見て、「ハサミ」と名称を言う、言葉の三項関係も認められる。共同注意とは、上述のとおり、他者と意図や情動を共有するという間主観的関わり合いである。内海（2015）は、視線が合う・合わないについて、それは眼球運動自体を指しているのではなく、"まなざし"という言葉を用いて、他者から向かってくる志向性に気づくかという感受性と、それへの応答という体験として詳述している。そして、まなざしによって触発されるのは、まさしく「自己」「この私」であり、自意識が刺激され、恥じらい、恥ずかしさの感情が沸き起こるという。まさにAはためらい恥じらうような様子を見せており、非常に興味深いものである。この回の後半、好きなキャラクターの絵本を見て、明らかにそのキャラクター相手に照れてしまい、頭を机に突っ伏してしまう姿も見せたのであった。

　内海（2015）は、他者のまなざしによって自己が触発されるはじまりを9か月頃の「ひとみしり」であるとしている。この頃の「ひとみしり」は、養育者などの特定の他者とのあいだでアタッチメントを形成したマイルストーンとされている。養育者の存在が安全基地として機能し、見知らぬ人に対して警戒感を示す子どもの様子から安全－危険の軸でアタッチメントを捉えがちである。しかし、滝川（2024）が指摘しているとおり、ヒトの場合は、危機からの安全確保を超えて、愛撫的な接触自

36

第1章　言葉が生まれる空間

体を求め、「ともに生きるための」情愛的な関係を確保する性質がアタッチメントにはある。共同注意が成立し、間主観的関わり合いが豊かになってきたAにとって、たとえ絵や無生物、架空のものであっても、相手からの視線を感じることは、情愛的な関係をより強く体験することにつながっているのではないだろうか。乳幼児期の発達支援において、その子どもなりの最適域にチューニングしながら「ともに生きる」ことの歓びを充分に育むことの大切さが示されている。

第2章

大人と子どものあいだで
生じる秩序の揺らぎ

infantからtoddlerへ

　言葉を話し始めることと同じく、一人歩きができるようになること
は、生後1年ほどをかけて迎える大きな変化である。子どもは、一人立
ちができることでより自由になった手でさまざまな物に触れ、"自分で"
行きたいところに歩いて行き、全身を使って何かを試したり、何かを発
見したり、探索活動が盛んになる。体験世界が大きく広がると同時に、
心のエネルギー補給のために、養育者のもとに戻って来て、抱き着いた
り、膝に座ったり、背中にピタッとくっついたりしてからまた探索活動
に出かけていき、安全基地とのあいだを行ったり来たりする。
Liebermanの *The Emotinal Life of Toddler*（『トドラーの心理学──1・2・3歳児
の情緒的体験と親子の関係性援助を考える』）(Lieberman, 2018 / 2021) にあるとお
り、この時期に子どもが獲得していくものの中で、情緒面で最も大切な
のは「何でもできるようになりたい」「一人でやりたい」という衝動と、
それと同時にわき起こる「親の愛情と保護がほしい」といった、時には
矛盾した気持ちとの折り合いをつけられるようになることである。

　そのために養育者は「身体的・情緒的安全を守ることが最も重要」
(Lieberman, 2018 / 2021) となるが、子どもに対して、トイレットトレーニ
ングをはじめとしたその社会文化の中で身につけるべき規範やルールを
しつけていくことも担う。子どもの思いを叶えてあげたい気持ちもあり
つつ、危険から子どもを守るため、あるいは社会規範上、やめさせなけ
ればならないこともあれば、やらせなければならないこともある。
Mahler, et al. (1975 / 2001) が描き出した分離−個体化理論の再接近期の
時期であり、「イヤイヤ期」や「魔の2歳児」などと呼ばれるが、子ども

第2章　大人と子どものあいだで生じる秩序の揺らぎ

の側だけが大変なのではなく、親子それぞれが矛盾と両立しない気持ちに困惑し、どう折り合いをつけるか手を焼いている時期と言える。Lieberman（2018 / 2021）は、危険への認識が親子でまったく異なることや、親子それぞれの意向が両立せず交渉の余地もないことから、親子間の「権力争い」という表現で親子間のぶつかりが非常によく生じることを示した。

虐待不安

　保育園や幼稚園などの子育て支援の場において、そうした"権力争い"の真っただ中にいる養育者から、「実は……」と言い出しにくそうにためらいながら、自分がしていることは虐待ではないかと不安になると語られることがある。たとえば、朝の忙しいときに、子どもが自分ですると聞かず、結局飲み物をこぼして、机や床も汚れ、洋服も着替え直さないといけなくなったりする。だいたいは子どもの様子を見ながら、子どもの言い分も聞いてあげながら工夫しているが、「あまりにも言うことを聞かないと、ついカッとなって怒鳴って、ひどい言葉を言ったり、手も出て……後からは、そこまで怒らなくてもよかったと思うのだけど、そのときはもう抑えがきかなくなっていて……これって虐待ですよね」などと話される。いわゆるママ友同士でも、日常で起こる親子の修羅場について話し、慰め合い、励まし合い、"常軌を逸した"言動を共有する。子どもを育てるうえで必要な関わりやしつけというおこないと、子どもを虐げることが絡み合う。冷静になってから、罪悪感に苛まれ、子どもに謝ったり、優しく接して、"良い親"である自分を取り戻す。こうし

41

た訴えは、問題の質や程度、背景などを慎重に見ていく必要があるが、乳幼児期にはよくある普通のことでもある。

Winnicott（1966 / 1993）は、「普通の献身的な母親 ordinary devoted mother は失敗するかもしれないが、それを誰も咎めることはできない」と述べ、完璧な母親ではなく「ほどよい母親 good enough mother」の重要性を示している。この考え方は、国内外の子育て支援において広く取り入れられており（平井, 2015；高石, 2010；高石, 2021；Lieberman, 2018 /2021 など）、前述のような母親も、「普通に献身的な母親」と言えるのかもしれない。Winnicott（1950 / 1993）が「体験的に知ることと知的に学ぶこと」の大きな違いを強調しているように、母親自身の自然なあり方や自然な知識への自信が、専門家からの情報によって奪われることがないよう、必要以上に意識化させないことが子育て支援の基本的姿勢でもある（妙木, 2015）。ただ、日本においても児童虐待の問題が深刻化している現状を踏まえると、どの程度がほどよいと言えるのか、何が普通と言えるのかの判断も難しい。養育者自身が自分の行為や精神状態を虐待ではないかと不安になるほど自信がもてないことを真摯に受け止め、予防的な観点からも虐待不安について深く掘り下げて考察することは必要であろう。

domestic に潜む目的性

児童虐待は、身体的虐待、性的虐待、ネグレクト、心理的虐待の4種類に分類されている（児童虐待の防止等に関する法律第2条）。子どもの前で家族に対して暴力をふるうドメスティックバイオレンス（Domestic

Violence：DV）も心理的虐待に含まれるが、いずれも家庭内で暴力（性）が生じている危機的状況である。domesticという語は、家庭内、国内、自国のという内側を表す意味をもち、対義語の一つはwildである。domesticateと動詞になると、野育ちの自然なままの生き物を人間に都合のよいように手懐ける、飼い馴らしていくという意味になる。家畜化、栽培植物化された動植物は、元の自然な環境では生きられなくなるが、その代わりに人間は、家畜や栽培植物の面倒をみていく、育てるという関係になる。ただ、それらは人間の食べ物や売買の対象となり、自分たちのためという目的に応じたものになる。

　「ついカッとなって怒っている自分は、子どものためというよりも、自分の感情のはけ口として子どもにあたっていると思う」や、「後からはまたやってしまったと落ち込むが、自分がいなかったら子どもは生きていけないだろうとわかりながら、いたぶっていて、自分が（子どもを）どうにでもできるという変な快感がある」など、養育者である自分にとって都合がよいようにという意図が見え隠れすることに養育者自身も当惑する。また、自分が親から「虐待のような」扱いを受けてきたという場合も、「親の意に沿うように」「親にとって（都合の）良い子」であることが求められていた辛さが語られる。子どもを育て、しつけようとしている中で、親・養育者という権力や特権を乱用し、信用を裏切る（abuse）という行為（虐待行為）が忍び込んでくる怖さである。

　このメカニズムを考える手がかりとして、動物絵本から「人間とは何か」を問うた矢野（2002）の観点を取り上げる。幼い男の子が母親の誕生日に何をプレゼントしたらよいかと動物たちに相談していく絵本『おかあさんのたんじょうび（原題：*Ask Mr. Bear*)』（Flack, 1932 / 1980）を題材にして、人間の共同体がもつ相互贈与＝交換と野生の存在者が示す純粋贈

与の差異を明らかにしている。動物たちは男の子（ダニー）にお母さんへのプレゼントとして、めんどりは卵、がちょうは枕ができるように羽、やぎはチーズを作るための乳、ひつじは毛布ができるように羊毛、うしは牛乳というように、自分たちがもっているものを提案する。しかし、それらはどれもおかあさんがすでにもっているため、男の子（ダニー）は納得できない。そこで、家畜のめんどりたちは、森に棲む（野生の）くまに聞きに行くように勧めるのである。農場の外は危険なので、家畜たちは付いてきてくれない。ダニーは勇気を出して一人で森に行き、くまにおかあさんのプレゼントは何がいいかたずねるのである。くまは、自分は何もあげるものをもっていないが、ダニーを抱きしめ、そっと内緒でいいことを教えてくれる。一番良いプレゼントは「おかあさんのくびにぎゅっと抱きつき、頬ずりしてあげること」（Flack, 1932 / 1980）だと。

　これについて矢野（2002）は、「家畜や家禽は日常的な人間の原理に立って生きている」ため、飼い主が与える餌に対して、それぞれ卵や羊毛などで返す交換の原理に基づいたプレゼントしか思いつかない一方、共同体の外部に生きる野生のくまは、「一切の見返りとは無縁な純粋贈与」を教えることができたと論じている。交換の原理や具体的な物にとらわれているめんどりやがちょうたちも、飼い主と家畜という関係であるが、共に暮らし、家族的で情緒的なつながりがあり、ダニーやおかあさんを喜ばせたいと思っている。しかし、矢野（2002）は、フランスの思想家Bataille, G. の論を背景に、人間が生活する内側の世界の特徴として「労働」があり、何か行為をするときには、行為の開始前に何か行為の目的が存在するため、目的を実現する行為は、いつも目的にとっての手段となる目的－手段関係に分裂する「有用性の原理」が支配する世界となることを指摘している。そして、すべてのことが目的のために役

立つ手段となる有用性の網の目に組み込まれてしまい、人間も「事物の秩序」の一部になってしまうという。

　ダニーのおかあさんも、プレゼントは何か当ててみてと言われて思い浮かんだものは、卵であり、だちょうの羽でできた枕であり、やぎのチーズであり、人間の生活にとって役立つものである。ダニーから抱きつかれて、頬ずりされたとき、そのぬくもりをどう感じたであろうか。子育て中の母親から、「こんなことをしていて一体何になるんだろう」と虚しさや、「せっかく子どものためと思ってしてあげているのに……」という自己犠牲的な感情とその報われなさが漏らされることがある。Winnicott（1966 / 1993）の「献身的な（devoted）」という言葉も、見返りを期待しない親の姿がイメージされ、結果を求めることに罪悪感を抱き、また結果が出たところで、それが次の目的のための手段となるという終わりのなさに徒労感がつきまとう。抱きつき、頬ずりすることが何になるのか、どんな意味があるのかと、そう問うこと自体が意味をもたない。ただ、ダニーとおかあさんが身体ごと溶け合うような、あたたかくて気持ちのよい体験だったのではないだろうか。

秩序を揺るがす子ども

　『おかあさんのたんじょうび』（Flack, 1932 / 1980）の話においては、ダニーが家庭内（domestic）から出て、外側の森にいる野生（wild）のくまに出会い、「内奥性を回復する」（矢野, 2002）ような体験を無事にもち帰ってきている。しかし、めんどりやだちょうたちが誰も一緒に来てくれなかったことからもわかるように、家（内側）から出ることは危険をはらん

でいる。ダニーが出会ったくまは優しく包み込んでくれたが、熊という
生き物には獰猛さもある。また、家から森までは、"とっとこ　とっと
こ　やままで　かけて　いって、それから—"と次のページになり、"ど
んどん、あるいて　いくと、もりに　きました。"というくらい距離が
ある。人間が生活する領域と野生の領域は離れていないと危険であり、
簡単に行き来できるものではない。絵本の話ゆえに、野生の熊の獰猛さ
や危険性を感じさせない内容であるが、ダニーは、大人が知らないうち
に一人で出かけて行ったのである。

　大人たちは、子どもを危険から守ることを何よりも大切に考えてい
る。それにも関わらず、子どもは秩序の網目をするりと抜け出し、野生
とのつながりをもつ。そうした子どもがもつ野生とのつながりについ
て、児童論の立場から本田 (1992) は、「砂と水は子どもを野生の生きも
のへと結びつける」ことや「泥で遊ぶ子どものイメージには、人間の自
然性の回復、内なる野生の覚醒という期待が重ね合わされている」と述
べ、大人のもつ秩序に適応していく存在としての子どもではなく、子ど
ものもつ「意味不明さ」や「未知性」に着目し、砂と水を混ぜ合わせ泥と
戯れる幼児の姿を「べとべと」というオノマトペで表している。砂に水
をかけ、また砂を混ぜ、ぐちょぐちょ、べとべとになりながらちょうど
よい粘り気や硬さになるまでこねる。型押しをしてもいつの間にか崩
れ、山などを作ったとしても自分で踏みつぶしてしまう。そうして遊ぶ
子どもの姿からは、具体的な何かを作るために泥をこねているという目
的－手段関係による行為ではなく、砂と水を混ぜ合わせること自体、砂
の色や形、質感が変化すること自体、泥の感触、匂いなどを感じること
自体をただ体験しているという有用性の原理に支配されていない行為に
みえる。本田 (1992) も、その点に触れ、砂と水というまったく異質の

物質から「泥」という新しい物質を作り出す経緯こそ、「創造の名に値する」ものであり、異質なものの均衡と調和を目指してこね続けることで、怒りやいらだち、対立や攻撃など、あらゆるとげとげしい感情が和んできて、穏やかな粘り強さに支配されるようになるとしている。

　ただし、現実の日常生活において、泥遊びは、汚れてもよい服装で、公園や園庭などの砂場で、遊び終わったら泥のついた手はきれいに洗い、服や靴についた泥は払い落し、砂場で使ったバケツやスコップは家の中にもって入らないなど、内側への侵入を防いだ形で外側での営みとして許容される。本田（1992）は、泥には「可塑性、流動性」という性質があり、「その可塑性は、無形態＝分類不能＝混沌と同義であって、秩序世界に対する侵犯性を持ちかねない」ため、泥に創造性や失われつつある自然や野生とのつながりを認めつつも、「制限付きの保証」になるという。つまり、共同体の一員となるべく社会の秩序を身に付けることに取り組んでいる幼児期の親子にとって、家の内側（domestic）にも有用性の原理に基づく秩序世界があるということは見過ごされてしまうことなのかもしれない。

セラピー空間の抱える機能

　砂と水は、子どもの心理療法をおこなううえでも重要なものとなる。Landreth（2012 / 2014）は、「砂と水はきっと、子どもに一番用いられる形をもたない遊びの手段」であり、形がないからこそ「子どもが求めるどんなものにでもなることができます。（中略）可能性は無限大です」と述べ、砂と水で遊ぶ方法に正しい方法、間違っている方法というものも

ないため、子どもたちの創造的表現や感情開放につながるとした。その
うえで、「水というのは、プレイルームにあるすべての道具の中で最も
治療的効果のある手段の一つであるにもかかわらず、プレイセラピーの
セッティングの中で最もお目にかからないもの」で、「プレイセラピー
のセッティングに砂と水がないということのいちばんの理由は、セラピ
ストの汚れに対する忍耐力の低さや、物をきちんときれいに保ちたいと
欲しているからでしょう」と述べている。確かに砂と水があることで、
プレイルームが水浸しになる、泥だらけになるかもしれず、部屋の現状
復帰も含めて時間内に収めることが難しくなるかもしれない。それは次
の時間の来談者にも影響を与え、心理療法の時間や場所の枠から溢れ出
し、秩序を乱すものに他ならない。そうではあるが、水と砂を排除する
ことは、プレイルームをdomesticな場に保とうとすることにもなる。

　それでも森（2005）の事例で示されているように、砂場のないセラピー
ルームにおいても、画用紙いっぱいに砂場の絵を描き、「スナバホリホ
リ！」という子どもの姿からは、砂場のインパクトを感じずにはおれな
い。筆者自身のプレイセラピー事例においても、砂場はないが箱庭があ
るプレイルームで、箱庭の砂の感触を味わいながら心がほぐれていくこ
とや、箱庭の砂箱の中に子ども自身が入ってしまったこともあった（黒
川, 2006）。また、砂場のあるプレイルームでは、部屋に案内された子ど
もが「なんで部屋の中に砂場があるん!?」と驚きの声を出すことはめず
らしくない。日常の世界では、砂場は家（部屋）の外にあるものである。
ましてやプレイルームが地面とのつながりのない上階に位置している場
合もあり、まったく人工的に造られた非日常の世界である。つまり、日
常では外側に置くことによって、さらに砂場、園庭と囲いを設けて、内
側と明確に分けて「条件付きの保証」（本田, 1992）で許容していた自然や

野生とのつながりを、プレイルームでは、その内側に抱えもつという入れ子の状態にある。さらに、その内側に子どもの存在自体が入っていくこともある。

　セラピー空間は、子どもに限らず大人に対しても、さまざまな感情体験を表現してもらうことを保証する。プレイセラピーの砂と水、泥による「どろどろ」「べたべた」と言うオノマトペは、どろどろした気持ちやべたべたした人間関係などでも用いられる。日常の人間関係の中では表現できないようなことだからこそ、料金を支払うことの交換として、専門性をもったセラピストと時間や場所を確保した中で取り扱うことができる。さらに、心理療法を受けることには、来談者のモチベーションがあり、目的をもっておこなわれる手段－目的関係のうえに契約が成立している。矢野（2002）は、有用性の網の目に組み込まれ、人間も「事物の秩序」の一部になることによって、人間は生命の全体性から切り離され、その結果、世界との深い全体的なコミュニケーションが失われることになると述べているが、心理療法は、きわめて有用性の原理で設定されたセラピー空間において、切り離された体験の全体性を抱える営みと言えるかもしれない。

汚れと実在性

　このように砂や水、泥が敬遠される背景には「汚い」ということがある。しつけの漢字が「躾」であることが端的に表しているように、共同体の一員として、身を美しく清潔にすることに価値が置かれ、汚すことは失敗であり、汚いことは忌避されていく。ただ汚いということだけで

なく、本田（1992）も言及しているとおり、泥は排泄物を連想させる。精神分析理論においては、Freud（1914, 1920 / 2009）が、排泄物は、象徴的には母親へのプレゼント（贈り物）でもあると捉えたことは有名であるが、これを矢野（2002）の論に照らし合わせると、この時期、ようやく子どもも人間の共同体のメンバーになり、母親からの世話や愛情のお返しとして、適切な場所できちんとコントロールをした贈り物をするというような交換の原理へと加入すると捉えることができるのかもしれない。

　しかし排泄物は生きている限り、内側で生成され続けるものでもある。泥遊びに限らず、たとえば、子どもがきれいな色の粘土で遊んでいるときも、初めのうちは「ケーキ」や「くるま」などと言いながら色粘土で作っていても、いつの間にかいくつもの色粘土を混ぜてこねていき、徐々に汚い色の塊へとなっていき「うんちみたい」と嬉々として見せてくる。絵を描きたいと絵の具セットを用意するも、絵を描くことより、絵の具をチューブからぶちゅっと出すことに夢中になることもある。目的にかなった適切な道具（材料）の使い方ではなくなり、子ども自身は「汚い」と言いながらも、それがしたいという感じである。まるで、中身があるということを粘土や絵の具の質感を通して体験しているようである。たとえば、『でこちゃんとらすたくん』（つちだ, 2001）の絵本においても、初対面のでこちゃんといとこのらすたくんの心理的な距離が縮まる場面で、「ねんどのにおい　かぐの　すき？」「すき　すき。クレヨンも　かいじゃうよ」というようなやりとりが描かれている。大人たちにとっては、汚いもの、臭いもの、べたべたしたものは、なるべく早く、きれいに、臭いを消すか、良い匂いに変え、きちんとした状態にすべきものである。しかし、子どもたちにとっては、身体感覚が刺激され、そ

50

うした感覚を通してこそ実感をともなってみずからの存在を体験し、その体験を共有できる相手と親しくなる。

　排泄物と実在感について考えるうえで、『くまの子ウーフ』(神沢, 1969 / 2020) の話は示唆に富んでいる。"自分は何でできているのか"という本質に迫るテーマを扱い、自分のからだから出てくるので、"ウーフはおしっこでできているのか？"という問いに向き合うのである。神沢 (1999) は、この話を読んでもらった5歳の子が、しばらく考えてから、「うーん、うんこもあるなあ」と言ったというエピソードを明かしている。それに対して、「やられたな」と思いつつも、「うんこだと、実在感が強すぎる」ため、このお話では、「いかにもうそっぽいおしっこじゃなきゃ、やっぱりだめ」と思えていたが、「今考えてみるに、やっぱりあれはうんこであるべきだった」とし、「やっぱりおしっこの方がちっとばかしきれいかななんて考えて、妙な風にうんこを差別していた」「おしっこでできてるなんてきれいごと」と、子どもの体験世界に添う排泄物の実在感と、大人の秩序社会の視点で揺れている様子が興味深いのである。神沢 (1999) は、自分自身に対する問いについて、「わたしの場合、決定的に (他の人と) ちがうのは、わたしはどうして人間なんだろう、トンボじゃなくて、イモムシじゃなくて、どうして人間なんだろう」という問いを抱えることが、「自分の中の子どもと対話すること」につながってきたと述べている。神沢の幼少期の体験が背景にあるのであろうが、人間と動物や自然とが溶け合うような関係性をもつ子どもの体験世界に触れることにより、秩序の中で生きる大人の体験世界も揺らぎを抱えることになる。

プレイセラピストとして

　筆者は、プレイセラピストとは、このような子どものもつ身体性をともなう実存的問いに寄り添うことが仕事であると考えている。秩序の枠組みの中にある大人でありながら、子どものもつ混沌とした"流動性"や"可塑性"に向き合う。これこそが、Landreth（2012 / 2014）が述べている「プレイセラピストは、子どもが知っている他の多くの大人とは違う特徴を生み出す」あり方と言える。

　アセスメントのために広く用いられているウェクスラー式知能検査における知能の定義は、「目的的に行動し、合理的に思考し、能率的にその環境を処理しうる総合的・全体能力」である（Prifitera, et al., 2005 / 2012）。当然、アセスメントは多面的な視点からおこなうものであり、かつ、知能の定義や捉え方も多様であるが、まさに有用性の原理に支配された秩序体系のもと、無駄なことをなるべくせずに、目的に向かって進んでいくことを一つの能力として捉えていることを十分に理解しておく必要がある。

　Landreth（2012 / 2014）はさらに、プレイセラピーについて述べる中で、遊びは目的を志向しないものであり、遊びは子どもの仕事ではないことも強調している。「遊びは子どもの仕事である」と位置づけることで、少しでも合理的な意味のあるものに感じられる。しかし、費用対効果、時間対効果が求められる中で、遊ぶことは成立しない。矢野（2002）が述べているとおり、「いかなる有用な生産物を生み出すことなく、エネルギーが無用に濫費される遊び」は、「有用性の網の目としての事物の秩序を破壊していく」。すでに述べたとおり、問題や症状の改善などの

第2章　大人と子どものあいだで生じる秩序の揺らぎ

目的のための手段としてプレイセラピーがおこなわれる。そうではあるが、「問題に焦点を当てると、子どもを見失う」という Landreth（2012 / 2014）の言葉があるように、プレイセラピストが目的に捕らわれてしまうと、子ども自身と関わり合うことが難しくなる。おそらく、プレイセラピストも含めて、秩序社会で生きている子ども（と大人）の現実をも真摯に向き合うことで、プレイセラピーの場が秩序の揺らぎを生み出し得る場として機能するのであろう。

第3章

子どもの「ことば」に見る
音の響きと身体性

プレイセラピーにおける言葉の問題

　来談者の語りを聴くことは心理療法における基本と言える。同時に、セラピストが来談者に問いかけたり、受け取ったことを伝えたり、語りかけること無しに心理療法は成り立たない。来談者が子どもの場合も、これは何も変わらない。しかしながら、筆者自身がプレイセラピーで体験してきたことにおいても、またカンファレンスやスーパーヴィジョンなどで聞くケースにおいても、なぜかプレイセラピーにおいて、来談者である子どもの言葉をどのように受け止め、また、彼らに対してどのように言葉をかけてよいのか、どのような言葉をかけたらよいのかとセラピストが戸惑う場面は少なくないように思われる。プレイセラピーの場で子どもが発する身体性をともなう実存的な問いに、どのような「ことば」の力が立ち現れてくるのか、子どもならでは、プレイセラピーならではの特徴を取り上げ、その専門的理解を深める必要がある。

　子ども（おおよそ思春期までの子ども）への心理療法の一つとして、プレイセラピーがおこなわれることについて、Axline（1947 / 1972）が端的に「あそびが子どもの自己表現の自然な媒体である、という事実にもとづいています」と述べている。さらに、大人が「自己の困難な事情を、『話すことにより表出する』ように、自分の気持ちや問題を、子どもが『遊ぶことにより表出する』ためにあたえられている一つの機会」としている。また、Freud（1908 / 1969）も、孫の糸巻き遊びから在－不在のテーマを見出し、子どもにとっての遊びは、「受身的に強いられる現実の体験を、空想の中で能動的に演じなおすことによって、その心的な苦痛を乗り越えようとする心のはたらきである」としている。これらは、いか

56

に子どもの心的過程と遊びが不可分なものかを表しており、子どもの心理療法として、プレイセラピーをおこなう考え方の土台と言える。

　一方、大人であるセラピストにとって、プレイセラピーはどのような体験であろうか。Landreth (2012 / 2014) は、「子どもたちが自身の情緒的世界を表現し、探求するのを後押ししようと努めるなかで、セラピストは自分の世界の現実性と言語による表現から自由になり、子どもたちの考える感情に満ちた世界に移らなければなりません」と述べている。たとえば、来談に至った子どもが抱えている問題について、子ども自身が話をしてくれることもあるが、セラピストが問いかけてみても、首をかしげたり、困っていることは特にない、大人（親や教師など）に言われて来たなど、よくわからないという反応であることは少なくない。あるいは、まだその問題を子ども自身が言葉によって捉える前の発達段階のこともある。その際セラピストは、「よくわからない」という感覚の中に身を置き、子どもの体験世界を共にし、遊びに表現されることを情緒的交流を基盤として理解していくことになる。

　同時に、親から語られる子どもの問題やその背景、さらには教師など子どもと関わる大人からの情報によってその子どもをわかろうとしている。子どもの心理療法において、子どもを抱える環境の重要性は大前提のことであるが、知らず知らずのうちに、セラピストにとっては自然である大人たちとのあいだで共有される現実性や、言語による表現という準拠枠から子どもを見てはいないだろうか。Landreth (2012 / 2014) は、「子どもたちについての最も重要な事柄は、子どもたちから学ぶしかない」や「問題に焦点を当てると、子どもを見失う」といった経験則を示し、その子どもについて何を知っているかではなく、その子どものことをどう感じるかが重要であることを述べている。

日本の子どもへの心理療法やプレイセラピーの現状について、鵜飼（2010）は、英国との比較の中で、セラピスト側が、子どもや青年は自分の気持ちや考えを話すことができない、あるいは苦手であるというような先入観をもち、子ども自身が自分について話し出すことを無意識的に避けているのではないかとしている。また、田中（2011）も、子どものもっていることばの力を軽視しがちな点や、ことばで共有する部分は親面接に任せておけばよいという思い違いもあるのではないかという点を指摘している。筆者も同様の印象を抱いていることは否めないが、個々のセラピストはただ遊んでいればよいと思っているわけではなく、子どもからのメッセージを受け取り、理解しようと、相当のエネルギーを費やしている。しかし、多義的で多層的な表現を遊びを通しておこなう子どもを前に、むしろセラピストの方が言葉を失い、話せなくなっている可能性は考えられないか。もしくは、言葉を切り離すことによって、ようやく「子どもの考える感情に満ちた世界」（Landreth, 2012 / 2014）にとどまることができているのではないだろうか。

Stern, D. N. に見る両刃の言葉

　プレイセラピーの体験を言葉にしていくことは、田中（2011）の指摘どおり、セラピストとクライエントのあいだにおいても、プレイセラピーについて理解し合える関係になることが望まれる相手（たとえば保護者、他の心理士、他職種専門家、一般の方）とのあいだにおいても、まだまだ課題であり挑戦していかなければならないところである。つまりは、言葉にすることによって、理解を深め、他者と共有可能なものにしていく

第3章　子どもの「ことば」に見る音の響きと身体性

ことは専門家としての責務である。

　ただ、子どもとの情緒的交流やプレイセラピーにおける体験を言葉にしていくとき、乳児の言語獲得についてStern（1985 / 1989）が述べているように、他者と共有したり、自己を物語ることを可能にするという長所だけでなく、それまでの「無様式の総括的な体験を粉砕し、それを潜行させる」という自己体験の分裂を引き起こすというようなことが起こっていないであろうか。前言語的な情緒的交流や遊びを媒体にした非言語的交流で体験している全体性が、言葉によって切り取られ、言葉になった断片が社会化されてしまうという危険性である。

　Stern（1985 / 1989）は、「言語の出現は子どもにとってとても損得入り混じったもの」と両刃の剣であることを指摘している。失われ始めるもの（あるいは潜伏してしまうもの）も、取得されるもの（より広い文化の会員として入会許可を得る）も途方もなく大きいという言葉の両価性を捉えることにより、子どもと向き合うセラピストもまた、言語化のプロセスに敏感になることができる。言葉によって自分の気持ちや体験を表現することが難しいことが子どもの特徴ではなく、言葉という社会的秩序にのらず、混沌さや分類不能さにこそ子どもの特徴があると考えると、その全体性を表すことができる独自の「ことば」を探さねばならない。さらに言葉について、Stern（1985 / 1989）は、カテゴリー性の情報を扱うには理想的な媒体であるが、情動の程度という勾配情報を表すアナログシステムを扱うには、とても不都合であるとしている。

　たとえば、初めてプレイルームに入った子どもに対して、セラピストが「緊張してるかな？」と言葉をかけたところ、子どもが「うん」と答えるという言葉のやりとりから、緊張しているか、いないかの情報（カテゴリー性の情報）を得るだけではあまり意味をなさない。それよりも、ど

れくらい緊張しているか、あるいはピーンと張り詰めた感じなのか、ピリピリしているのか、気配を消すようなシンとした感じなのか、緊張しつつもプレイルームの玩具に関心を向けて気持ちが動いているのかといった情報の方が優勢である。Stern（1985 / 1989）は、怒り、悲しみ、幸せなどのカテゴリー性の情動とは異なる、食欲や緊張など生き物がもっている絶え間ないvitality に由来する感情を、生気情動（vitality affect）として捉えようとしている。それは、抑揚やリズム、強さや形などが連続的な時間の流れの中で動いており、"波のように押し寄せる"や"爆発的な"、"あせてゆく"など、力学的で動的用語で表す方がぴったりするとしている。ここでもまた、カテゴリー化できない、つまりは分類不能で、かつ動きのある情動を表す「ことば」を必要としているのである。

子どもの「ことば」

　体験の全体性を損なわず、カテゴリー化できない動きのある情動を表す「ことば」を探す手がかりとして、子ども自身の「ことば」を取り上げる。福音館書店から出版されている月刊誌『母の友』に"日々の暮らしのなかで、ふと心に留まった子どものことば"が読者から投稿され、詩人であり童話作家である工藤直子が選者となって『こどものひろば』というコーナーに掲載されたものである。

　「しあわせ」　さくまあきみつ（5歳）
　おかあさん
　うれしいときって

第3章　子どもの「ことば」に見る音の響きと身体性

ハートがそらに

のぼるんだねー

記録　佐久間順子（母）（『母の友』2011年8月号）

　カテゴリー性の感情としては、母親のつけた「しあわせ」というタイトルになるのであろう。ところが、子どもの言葉では「うれしい」である。しかし、ここで伝えようとしていることは、「しあわせ」なのか「うれしい」なのかの問題ではなく、ハートが空に昇るというまさに天まで昇るような思いである。気持ちを表すことに「ハート」というイメージを用い、それが空まで昇っていくという動的な体験を見事に言葉にしている。さらに、"のぼるんだねー"と長音符で伸びているところからも、聞いている他者、読んでいる他者もまた、共に動きがともなう情動体験が生じるのである。

　また、カテゴリー性の情動と生気情動との差異あるいはギャップを、別の5歳の子どものことばから見ることができる。

「平均台」　いとうそうへい（5歳）

こわくない

でも　足が　どきどきする

記録　伊藤佳奈子（母）（『母の友』2015年5月号）

　怖いか怖くないかと問われると、怖くないと思っている。はたまた、怖くないと自分に言い聞かせたい。しかし、細く高い平均台の上で、勝手に感じている生の体験はどきどきしているのであり、これこそ生気情動を表している。それも、すくむ足に焦点化され、どきどきしているの

は胸ではなく、足がどきどきしている体験なのである。

　このように子どもの「ことば」からは、潜在化するであろう生気情動の動きや、今、ここで感じている直接的な体験が伝わってくる。カテゴリー化され、抽象化された情報ではないからこそ、聞いている大人の心にも留まるのであろう。確かに、語彙習得や言葉の概念化など言語発達および認知発達の側面からは、大人のようには言葉を十分に使えないと見ることもできる。しかし、大人の言葉が成熟しており、子どもの「ことば」が未熟（未だ成熟していない）であるとは言い難い。子ども特有の「ことば」には、子ども自身の気持ちや体験をまるごと抱え、全体性を保持しているものがある。それらは、自己分裂を引き起こす両刃の言葉ではなく、言い表しようもない無様式な総括的体験と、言葉の秩序社会の中で他者と共有できる体験とのあいだをつなぐことも可能にしている。

移行対象としての言葉

　それでは、無様式な総括的体験を粉砕する言葉と、それとは逆に、体験の全体性をまるごと抱える言葉にはどのような違いがあるのだろうか。たとえば、先ほど挙げた「足がどきどきする」は、一般的な言い回しにとらわれない、大人がもっているような言葉のルール、秩序にとらわれていない表現である。むしろ、身体感覚をともなう直接的な体験にぴったり合う言葉を、子どもが創り出しているのである。Stern（1985 / 1989）は、「Winnicott の言葉で言うなら、言葉は、ある意味で乳児により"発見され"たり、"創造される"もの」であるとし、「その時、思考や知識はすでに心の中に存在しており、言葉と結びつく準備ができてい

第3章　子どもの「ことば」に見る音の響きと身体性

る」状態であるとしている。すでにある言葉を獲得して「使う」のではなく、言葉を「創る」という視点は、養育者などの外部から与えられる言葉であるが、その言葉にふさわしい体験は乳児の内部に存在しているという意味で、言葉は、自己に属するものでも、他者に属するものでもなく、乳児の主観性と養育者など外的な客観性との中間くらいに位置しているとし、移行対象・移行現象の性質をもっているのである。

　体験にぴったりくることばを創り出す子どもの姿は、おそらく珍しいものではない。しかし、まだ言葉を上手く使えない、間違ってしゃべっているなどと「ことば」としては取るに足らないと見なされがちである。また、そうした「ことば」はいつ頃から使い始めたのかはっきりせず、気がついたら必要としなくなっていたというまさに移行対象・移行現象の特徴を有していることも要因となり、捉えにくさがあるのかもしれない。そのなかで、言葉に繊細な感性をもつと考えられる歌人であり作家である東直子（2015）が、食べ物の好き嫌いをテーマにした記述において、幼児期の長男の独特な「ことば」について取り上げている。

　　それが最初に発せられたのがいつだったかは忘れてしまったが、長男が食事のときに、「むじゃい」と言っていた時期があった。むじゃい。そんな日本語はないが、しかめ面とともに発せられるその言葉がどういった感覚を示しているかは、瞬間的にわかった。簡単に翻訳するとおいしくない、ということなのだが、苦くて、口の中がもやもやして気持ち悪い、といったところだろうか。「にがい」「むしゃくしゃする」「えぐい」といったあたりの日本語がブレンドされているようにも思える。（中略）その後成長して、「むじゃい」とは口にしなくなり、小学校高学年くらいにふと作ってみた「ピーマンの

肉詰め」が気に入り、その後、単体でも食べるようになった。しかし、グリーンピースとそら豆は、大人になった今でも「匂いがいやだ」とかで嫌いだし、しいたけは、「うえっとなる」らしい。

　東の翻訳以上の説明は不要のようにも思われるが、まさにこの「むじゃい」は、「おいしくない」というメッセージを主としながらも、それだけでなく、味覚、口触り、舌触りという触感、そして、情感までもないまぜにした創造された「ことば」である。大人になってからカテゴリー化され、社会化された言葉で「匂いがいやだ」と言っていることから、「むじゃい」には嗅覚的な感覚も含まれていたのかもしれない。まさに、Stern（1985 / 1989）の言う無様式知覚の総括的体験を、「むじゃい」という音の響きをもつ「ことば」によって表しているのである。

　他にも、色の名称において、「あか」や「あお」は言えるものの、みどりを「ももみ～」と特別な愛着をもっているかの様子で言ったり、何を意味しているのかは定かではないが、「ぶちこぶちこぶちこ……」と破裂音の唇の感触をともなった呪文のような「ことば」を唱える子どもなどもいる。移行対象としての言葉の機能をより積極的に論じたDolto（1984 / 1994）が、"まだうまく使えない語のうちで移行対象となるのは、たとえ意味不明であっても、主体が直感的に感じた自分をまるごと表現できる力を得た語であろう"と述べているように、これらはいずれも子どもによって発見され、創造された「ことば」であり、体験の全体性を抱える「ことば」なのである。

第3章　子どもの「ことば」に見る音の響きと身体性

ことばがもつ音の響き

「むじゃい」「ももみ〜」「ぶちこぶちこ……」など、これらの「ことば」
には音の響きの面白さがある。また、先に挙げた「のぼるんだねー」や
「どきどき」という「ことば」にも、リズムやテンポといった音感性の特
徴がある。Dolto（1984 / 1994）は、「完全に象徴的なものになる前の言葉
は、音の響きという特性をもち、魔術的な対象物となる」と述べている。
Dolto（1984 / 1994）は、「音感性の移行対象」と呼んで論じているが、さ
まざまな乳児研究においても、子どもがもつ音への感受性は、胎児期か
ら始まり、極めて微妙な音の差異も理解でき、生後間もなくから母親の
声や母国語を好むこと、言葉の意味を理解することに先がけて発話のリ
ズムや音律、テンポに興味を示し、他者と共鳴する共有体験となること
などが、Communicative Musicality（絆の音楽性）として研究されている
（Malloch & Trevarthen, 2009 / 2018 など）。

こうした音そのものが直接的に感覚的なイメージを引き出す性質を、
音象徴（sound symbolism）というが、その代表的なものがオノマトペ
（onomatopee）と総称される語群である（宮崎ら, 2010）。オノマトペとは、
「ガチャン」「ワンワン」など音や声を模した擬音語や、「ころころ」「ざー
ざー」などモノの状態、動きの様態を音で表出する擬態語、さらに広義
では、「どきどき」や「そわそわ」など主観をもつ存在の内面的感情など
を表す擬情語を含んでいる（篠原・宇野, 2013）。つまり、聴覚的感覚のみ
ならず、触覚や視覚など他の知覚様式の情報も「音」によって表し、さ
らには情緒的体験までも「音」にして表している語なのである。先に述
べた「ある一つの知覚様式で受信された情報を、何らかの形で別の知覚

様式へと変換する無様式知覚」(Stern, 1985 / 1989) の特徴を有しており、連続的な時間の中にある生気情動の動きも表すことができる語群である。日本語を母語とする養育者が子どもとのあいだで、こうしたオノマトペを多用していることは、言語獲得の研究において示されているが (小椋ら, 1997；Imai, et al., 2008 など)、音の響きを共有することにより、生気情動レベルでの関わり合い、情動調律 (Stern, 1985 / 1989) を可能にしているのであろう。

　たとえば、乳児が好む絵本である『じゃあじゃあ　びりびり』(まつい, 2001) は、水は「じゃあじゃあ」、紙は「びりびり」と、物と音の響きを結びつけるオノマトペ絵本である。ここでも、単に物をわかりやすく子どもに伝えるというだけでなく、水がじゃあじゃあと流れる様子や、紙がびりびりと破れる様子という動的な体験が含まれている。さらに、特徴的な音の響きを表した絵本として、『ごぶごぶ　ごぼごぼ』(駒形, 1999) や『もけら　もけら』(山下・元永, 1990)、『もこ　もこもこ』(谷川・元永, 1977)、『がちゃがちゃ　どんどん』(元永, 1990) などがある。これらは、ストーリーのある内容ではなく、不思議な音の響きと、形態と色彩の妙によって描かれた何かよくわからないモノが互いに連動している。絵本のページをめくっていっても、何を意味しているかわからないが、音の響きと抽象的な絵によって何かしらのイメージが湧くことになる。

　具体物の名称やストーリーの理解ではなく、イメージの共有は、他者とのあいだで同じ体験をしているかどうか確かめようがない面がある。たとえば、ある人は“ごぶごぶ”、“ごぼごぼ”という音から水の中に沈んでいく動きの中で、ぼこぼこと水泡が出てくるイメージを喚起するかもしれないが、一緒に絵本を見ている他の人が、同じイメージを抱いているかはわからない。筆者自身の体験として、言葉が出始める前から

第3章　子どもの「ことば」に見る音の響きと身体性

『ごぶごぶ　ごぼごぼ』の絵本を気に入り見ていた子どもが、言葉を話すようになってから、あるとき、水玉模様の毛布を見て「ごぶごぶ」と呼び、同じようなイメージを抱いていたのかと重なり合いを不確かながらも感じたということがある。その後、水玉模様を「ごぶごぶ」と呼ぶようになり、その子どもの特別な「ことば」となる。しかし、先ほどの「むじゃい」などと同じように、音の響きをともなった愛着のある「ことば」もいつの間にか使わなくなり、不特定の他者とも共有可能な「水玉」という名称になっていくのである。

音と呼び名のあいだ

このように、「ことば」のもつ音の響きには、身体感覚をともない、生き生きとしたイメージを喚起する働きがある。一方で、たとえ体験を共にした特定の他者とのあいだでも、その体験が同じかどうか、イメージしているものが同じかどうかは確かめようがなく、また、音として消えてしまうという儚さをもっている。しかし、それらは不特定の他者とも共有可能な言葉となって生き残るのである。Dolto（1987 / 1994）は、移行対象として言葉が最良であるいう考えは、言葉は毎日変わるからであり、他の対象物（タオルやぬいぐるみなど）のように、話し言葉（パロール）は失われることがないからであり、そして、話し言葉（パロール）を発することによって、その言葉を他者と交換できるからであるとしている。

音の響きとモノの名称、そして話し言葉を感じ取るために、『1年1組せんせいあのね　それから』（鹿島・灰谷, 1994）に掲載されているあるきょうだいと母親とのやりとりを取り上げる。

あのねのざいりょう　すぎたに　あらた

かおるが
「ようちえんでゆきがふった」といった
あらたが「あめみたいなゆきがふった」といった
そしたらママが「それはみぞれよ」といった
そしたらかおるはピアノで「ミドレ」とひいた
どうしてかおるは
いつもおもしろいことをかんがえるのかなあ
かおるにきいたら
「おにいちゃんにあのねちょうのざいりょうを
つくってあげているの」といった

　弟の雪が降ったという体験は、兄の雨みたいな雪という表現に引き継がれ、兄弟は母親から「みぞれ」という名称を教えてもらう。「みぞれ」という新しい語彙の習得であっても、弟が「み（ミ）ぞ（ド）れ（レ）」と音を響かせたことで、まるで命が宿り、言霊のようになるのである。また、ある女児（2歳ごろ）は、就眠時、そばに実際の母親がいても、「おかあさん！」「おかあしゃん ↘」「ま・ま」など、呼び方や声の調子を変えながらひとしきり“母親”の呼び名を声にする。呼ばれていると思った母親が返事をすると、邪魔しないでというように母親の口をふさぐのである。つまり、主観的な母親を呼び起こし、ときに、互いのタイミングや調子が合うと「おかあさん」「はあい」というやりとりを楽しみ眠りに入るのである。
　このように、モノの名称や呼び名など、一般的に社会化された他者と

第3章　子どもの「ことば」に見る音の響きと身体性

共有できる言葉であっても、その意味は固定化されたものではない。特定の他者との関係性のなかで、言葉の意味は作られていくが、音の響きがあるからこそ、主観的体験を揺るがすことができるのではないだろうか。Stern（1985 / 1989）は、言葉は、総括的な体験の一断片を捉えるものであるにもかかわらず、体験を鋳直したり、変換する強い力をもっていると述べ、言葉によって他者と体験を共有するだけでなく、自分自身について言葉で語れるようになり、言葉によって、自分の体験に対する見方を変える可能性を秘めていることに言及している。これは、心理療法における自分語り（narrative）の効果を示唆するものである。

　プレイセラピーにおいても、クライエントである子どもとセラピストが、ことばのもつ音の響きを感じ、生気情動レベルで関わり合うなかで、「ことば」の力によって体験を変化させる可能性は生じ得る。そうではあるが、Stern自身も疑問を呈しているように、起承転結や因果関係的連鎖をもって展開する物語を、子どもが構成するかはわからない。むしろ、第2章で論じたように、可塑性や非連続性など、秩序を揺るがす特性を子どもに見るのであれば、大人が考えるようなストーリー性をもった自分語りではないのかもしれない。たとえば、あるプレイセラピーの中でふとクライエントが筆者の名前を反対から読み、「先生、‘こしょ’やな」と言った。すると互いに香辛料のコショウがイメージされ、セラピストがコショウなら、自分は何だろうと思いめぐらし、自分は何にでもなれるというような可能性を秘めた体験が生み出された。プレイセラピーにおける「ことば」の力とは、「ことば」自体が生命を宿すことかもしれない。

「ことば」の記録

　音感性から言葉を捉えると、意味の理解よりも、今、ここで生じている体験を感じ取ることに重点があることがわかる。また、子ども特有の「ことば」や遊びから喚起されるイメージは、クライエントとセラピストのあいだで重なり合うものの、クライエントがどのような体験をしているのか確かめようがない面がある。プレイセラピーにおいて、こうした無様式という流動性のもとで感じ取ったことを記録していくときに、あまりにも不確かなため、わかろうとして言葉という秩序の網にかけてしまっていることはないだろうか。クライエントの遊びを理解しようとする思考から、因果的な意味のまとまりをもたせようとする過程で、「ことば」がもつ音の要素を網の目から落としてしまっているかもしれない。

　プレイセラピーの特徴を活かしていくためには、子ども自身の「ことば」をすべての身体感覚を動員して聞き、その音の中に身を置いてみることが大切であろう。しかしながら、そうした体験をそのまま言葉にしていくことは不可能への挑戦とも言いたくなるようなものである。たとえば、ジャーゴンがたくさん出ていて、そこから情緒的な動きを感じ取ったとしても、その音と抑揚を合わせて文字化していくことは難しい。Stern (1985 / 1989) の言う両刃の言葉は、話し言葉だけではなく書き言葉にも当てはまる。

　ただ、「聞き取れない言葉で……」や「意味のわからない言葉で……」と記録することは、そこでクライエントの体験、セラピストも共にした体験を切り捨ててしまうことにもつながる。独特な音がもつ魔術的な力

第3章　子どもの「ことば」に見る音の響きと身体性

も含め、その「ことば」でしか言い表せないものを記録に残していく挑戦は、オノマトペなども用いつつ、いくつもの言葉で翻訳していく作業を必要とする。そうしたプロセスが、クライエントとセラピスト、そして社会にもつながるプレイセラピーの「ことば」を発見し、創り出していくことになるのではないだろうか。

第4章

乳幼児のことばに見る
音感性の移行対象

移行対象としての言葉を捉える試み

乳幼児期の「不思議なことば」調査

　乳幼児期の心理臨床において、言葉を巡る問題が大きなテーマであることは、これまで見てきたとおりである。本章では、言葉がまだ出ていない状態から、言葉を話し、物語るようになる過渡期に見られる「不思議なことば」の実際を捉え、その特徴を検討する。

　乳幼児期の言語発達は、有意味語としての初語が1歳前後で発現する準備段階として、指さしや喃語、ジャーゴンによる原言語の出現、三項関係の成立などが挙げられ、一語文から二語文、そして、他者とのコミュニケーション能力や伝達能力、自分を物語る能力の発達という道筋をたどる（小椋ら, 2015）。こうした発達プロセスを参照しつつ、子ども自身の体験世界に接近しようとすると、たとえば、Fraiberg（1959 / 1992）は、乳幼児を魔術師にたとえている。乳児の最初の言語は、「アブラカダーブラ」と同じような「魔法の呪文」であり、1歳後半から2歳代の子どもは、前言語的世界の魔術的思考の段階と言語発達によってもたらされる合理的思考作用の中間に立っていると表現している。また、Dolto（1987 / 1994）は、完全に象徴的なものになる前の言語は、音の響きという特性をもつ魔術的な対象物となることや、まだ上手く使えない語のうちでたとえ意味不明であっても、直感的に感じた自分をまるごと表現できる力を得た語は、Winnicott（1953）の移行対象と同じように、まだ離乳されていなかった時期との関係を結び直すよう子どもを導くことができる魔術的な力をもっていると述べている。

　そうした言葉は、第3章で検討したように、子どもにとって身体性をともない体験の全体性を抱える言葉として機能している。言葉を話せる

第4章　乳幼児のことばに見る音感性の移行対象

ようになることは、言葉を媒体として、その時、その場を共にしていない人とのあいだで体験を共有し、離れている相手とつながることができ、それも直接知らない相手とつながることをも可能にする。そのため、乳幼児の他者と共有できない不思議な言葉は、宇宙語などと言われてほほえましいエピソードではあるが、発達途上ゆえに生じる言い間違いや未完成なものとして扱われがちである。しかし、大人に成長してもなお、その親子や家族で特別な言葉として生き続けていることがあり、移行対象としての言葉の実態を捉える試みをおこなった。

「不思議な言葉」調査の概要

　複数の幼稚園および子育て支援事業を利用する乳幼児をもつ保護者を対象に、乳幼児特有の「ことば」の実態を捉えるために、質問紙調査およびインタビュー調査を実施した。予備調査で得られた例（牛乳のことを「ペーペー」と呼ぶ、意味不明な「ぶちこぶちこ……」と唱えているなど）を挙げ、保護者が不思議に思えた言葉の有無、具体的な内容、使用時期などを回答してもらった［表1］。

　1歳0か月から5歳3か月（平均3歳2か月）の年齢域の子ども（男児107名、女児119名、合計226名）の保護者から回答が得られた。そのうち、不思議な言葉がある（あった）と答えたのは47.8%であり、約半数の保護者が不思議に思えた言葉を話す子どもの姿をとらえていた。不思議な言葉の有無について、子どもの性別による有意差はみとめられなかった（χ^2=3.355,p＞.05）。また、不思議な言葉の使用時期について、「いつからか言っていた」や「そう言えば使っていない」など回答は曖昧であるが、1歳後半か

表1　子どもの性別と不思議なことばの有無

		不思議なことば		合計
		無し	有り	
性別	男	49	58	107
	女	69	50	119
合計		118	108	226

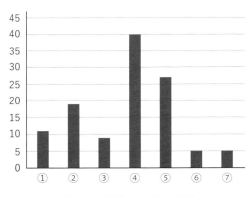

図1　不思議な言葉の分類

ら2歳代が好発であった。少数ながら「正しく言えるが、まだ（その言葉を）言っている」という3歳代、4歳代の回答もあった。

【不思議な言葉の内容分類】

　108名の回答から不思議なことばの特徴によって以下の6つとその他に分類した。複数の不思議な言葉の回答もあり、括弧内の不思議な言葉の合計数は108を超えている［図1］。

第4章　乳幼児のことばに見る音感性の移行対象

①音を繰り返す言葉 (11)

　例：「ぶりらぶりら……」「ごえごえごえ……」「ぴぱぴぱ……」「ずー
　ちゃーぺろずーちゃーぺろ……」

②決まったフレーズを唱えるような言葉 (19)

　例：「かまみんだ〜」「おかばちか」「たらいろ〜」「びんだんびん」

③うれしい、嫌、怒っているなど、その子どもなりに気持ちや要求
　を表す言葉 (9)

　例：「テン」「ぴっこ」「マイン」「あいち」

④子どもなりのモノの呼び名を表す言葉 (40)

　例：「いーこっこ (耳かき)」「あんあんわー (電気の光)」「うぇいうぇ
　い (しめじ)」

⑤音の類似のあるモノの名称や動作を表す言葉 (27)

　例：「ががご (たまご)」「はさみ (おはし)」「ぺぺる (食べる)」「きりこぼ
　しだいこん (切り干し大根)」

⑥人形や愛着物 (見えない存在を含む) への名づけの言葉 (5)

　例：「バーディ、ベーディ、ブーディ (人形の名まえ)」「ごんどー、
　ぐんぜー、ちゃんちゃん (金魚の名まえ)」「たれおぼうちゃん (眠いと
　きに現れる妖精)」

⑦その他 (5)

　①と②は、「まったく意味不明」「宇宙語を早口でしゃべっています」
「呪文のように唱えている」など保護者にとってはよくわからないが、
子どもは歩きながらでも口ずさんでいる。何か動作とテンポを合わせて
声を出しているというより、早口なことが多く、独り言のようである。
破裂音や濁音、リズムなど、音としての要素が特徴的であり、Dolto

(1987 / 1994) が述べたようにそれを唱えることで子ども自身が soothing
できる側面も考えられる。

　③は、言語発達上の一語文の機能と重なり、さまざまな感情や欲求を
その一語で表している。不思議なことに、保護者は同じ「テン」という
言葉でも、「テン！　はママ好きで、パパ、テン！　は好きでも嫌いで
もないよう」と話し、聞き分けられるのかをたずねると、「何を言って
いるのかわからないときもあるが、だいたいわかる」とのことであった。
また別の保護者は「嫌なときや不都合なときに、ぴっこと言う」とポジ
ティブな感情ではないときに使う言葉と気づき、子どもの感情状態を汲
みとっていた。このように一語文として不思議な言葉が機能するために
は、その一語に込められたさまざまな意味やニュアンスを感じとる養育
者などの他者の存在が不可欠である。Fraiberg (1959 / 1992) は、こうし
た一語でほとんどあらゆる望みを叶える魔法の言葉は、初めのうち、「あ
らゆる欲求を満たそうとしてくれ、あらゆる邪悪から守ってくれる」養
育者などによって叶えられていると子どもはわからず、「自分の魔力の
おかげ」と考えているとしている。一つの言葉に何千ものやり取りの情
緒的な味わいが刻まれ (Lieberman, 2018 / 2021)、特別な言葉になっていく
と同時に、その情緒的関わり合いから新たな言葉による体験にも広がっ
ていくかもしれない。

　④と⑤はモノの名称に関するもので、④は擬態語や擬音語などオノマ
トペの要素を含む言葉から、なぜそのように呼ぶのかまったく見当がつ
かない言葉まである。⑤は音位転換や音の類似によるものが主である
が、修正は効かず、その子独特の言葉になっている。モノの名称を正し
く言えていない、言い間違いと言えばそれまでであるが、不思議さと絶
妙さを兼ね備えるこれらの言葉は、家族や身近な人とのあいだで共有さ

れ、「私たちだけに通じる言葉」として大人の側も子どもとの関わりの中で楽しみながら大切に使われていくところがある。また、「きりこぼしだいこん」などは、「こ」という一つの音素が入り込んだだけであるのに、「切り」「こぼされる」イメージが浮かんだり、子どもが「こぼす」イメージとつながったり、どこかだいこんが可哀そうに思えたりと、イメージが豊かに動き出す。大人にとって、秩序が保たれたモノと名称の対が揺らぐから、周辺を巻き込んで広がるイメージを遊ぶことにもつながる。

　⑥は少数であるが、子どものお気に入りの対象に独特の音感性のある名づけをおこなっている。保護者はその独特さに驚きながらも、子どもにしか見えていない世界があるのだろうと見守っているスタンスが語られる。その人形はただの人形ではなく、名づけることによって、「私の特別な」人形になり、他の人形とは区別される。一人ひとり名前がつき、擬人化されて、遊ぶことによる内的世界が豊かになっていく。

　⑦のその他は、①から⑥のどこにも分類する判断がつかないものである。保護者に心当たりのない身近にいない人の名を呼んだり、自分の名まえとは結び付かない自称などである。保護者もその言葉の体験を共有する糸口すら見当たらず、戸惑いが垣間見えた。

分離を受けとめる「ことば」

　「不思議なことば」をキーワードにして乳幼児期の子どもをもつ保護者にたずねてみると、約半数が「有る」と回答し、その興味深い実態を掬い上げてくれた。不思議な響きや意味のわからない言葉を心にとめる

感受性と、子ども自身が「ことば」を創り出し、自分のものとして使用する姿が見て取れる。しかし、第6章で取り上げる移行対象研究と同じく、外側からは曖昧さや捉えきれなさがあることは否めない。それでも、言葉が情緒的関わり合いのある関係性の中で育まれることがわかる。

　また、①から⑥の分類は、出現時期を明確に検討することはできなかったが、6分類の内容は言語発達的に見るとジャーゴン→有意味語→一語文→命名期というプロセスと重なる。これは有意味語が出る前の10か月頃からの発達的変化であるが、ここで捉えた「ことば」はこのプロセスとは別次元に存在していると考えられる。なぜなら、1歳半頃から2歳代によく「ぴぱぴぱ……」と唱えていた子どもが、同じ時期に語彙を増やし二語文や三語文も話すようになっており、停滞しているということではないからだ。

　子どもは言葉を使えるようになると、第3章でも2歳女児の例を挙げたように、「たとえば『ママ』という言葉で、子どもが母親と接して体験できる大部分のこと（愛情のこもったまなざし、気分が安らぐ匂い、気持ちが落ち着く声、あたたかい感触、大好きな遊び）」を心の中に再生することができる（Lieberman, 2018 / 2021）。さらに、Fraiberg（1959 / 1992）が「言葉は人間の行為を代理している。このことこそが、言葉の最も重要な機能の一つ」と述べ、子ども自身が言葉でもって衝動をいくらかコントロールできるようになり、実際に行動にうつさなくてもよくなることを体験するようになる。その一方で、Stern（1985 / 1989）の両刃の言葉でも示したように、言葉はある一部分を切り取ってしまう。興味深いことに、Lieberman（2018 / 2021）は、このSternの視点から「物事を言葉で表現することは、抜け落ちの影響がつきもの」とし、これは、子どもの生活の情緒的な側面にも当てはまり、幼い子どもの感じ方は強烈なため、慰めようのない

第4章　乳幼児のことばに見る音感性の移行対象

悲しみや、耐え難い喪失感を体験するが、「悲しい」「がっかりだ」などという言葉ではとても捉えることができないことを指摘している。そのため、子どもは苦しむ自分を支えてくれる「思いやりのある大人にそばにいて欲しい」と求めてはいるが、苦しまないよう「言い聞かせてほしいとは思っていない」と言い切っているのである。

　Winnicott（1953）の移行対象は、錯覚（illusion）から徐々に脱錯覚（disillusion）する中で起こる離乳・分離の過程で体験するが、「不思議なことば」は、言葉の世界に参入することによって生じる体験の分断の過程で、子どもが創り出し、自分のもの（my possession）として使っていると言えるだろう。Lieberman（2018 / 2021）は、子ども自身が準備できていない段階でなだめすかし、気持ちを言葉で表すように仕向けると、「子どもは言葉にならない体験の領域に足を踏み入れることから遠ざかり、話すことと感じることは同じことだと誤って学んでしまうことになる」と指摘している。ともすると、言葉でのやりとりができるようになってくると、他の人にも伝わるような言葉で話すことを子どもに求めがちになる。Stern（1985 / 1989）は、体験と言語のあいだのずれを、実存的自己と言語的自己と表し、二つの自己は「何光年」も離れていくとしている。子どもの「不思議なことば」は、このずれを敏感に感じている証かもしれない。そして、その「ことば」は、音遊びや言葉遊びにもつながり得るものであり、移行対象が遊ぶことの領域にある特徴も有しているのではないだろうか。

第 5 章

表情を感じる体験世界

人との関係性・モノとの関係性

相貌的知覚

　子どもたちが、幾何学模様の壁紙や地面の石ころ、木目、落ち葉の破れなど、身の回りの何気ないものに、「め・め・はな・くち」を見つけ出すことがある。「見て！　ここが目、ここが鼻、ここが口、じゃあ、これが耳」と、発見した“顔”を周りの人と共有したり、フッと一人、その顔と見合う体験をしている。こうした外界の事物が、人の顔や表情をまとっているかのように感じ取る知覚は、相貌的知覚（Werner, 1948 / 2015）と呼ばれる。幼児がいかにも子どもらしい擬人的な表現をすることや、Piaget（1929 / 1955）が、幼児期の子どもの自己中心性の表れとして、無生物にも自分と同じように生命や意識を認めるアニミズム的思考が生じると考えたことから、相貌的知覚は、幼児期特有、あるいは子どもに特徴的なものであると捉えられがちである。

　しかし、鯨岡（1997）は、ただの幾何学図形に対しても、たとえば「べとべとした感じ」や「軽やかで陽気な感じ」など、直接的に、まず身体が何かを感じ、それをあえて言葉に表すと、表情として捉えるということがあることを述べている。これは、Stern（1985 / 1989）の生気情動ともつながり、乳幼児期に限らず、人にとって、もっとも基底的なところでの体験とも言える。また、相貌的知覚は、自閉スペクトラム症に特徴的な知覚体験としても報告されている（小林, 2004；ニキ・藤家, 2004；勝浦, 2011など）。本章では、人の顔や表情を感じ取るということについて概観し、あらためて人と人との関係性、人とモノとの関係性について検討する。

第5章　表情を感じる体験世界

人の顔への敏感性

　乳児期早期から、顔刺激を好んで見ることは、1960年代のFantz, R. L.の選好注視法による研究以来、よく知られているところである。吉川（2000）は、生後数時間の乳児から、顔に似た視覚刺激に対して能動的反応を示すことや、先天性白内障によって初期の顔知覚経験が得られなかった子どもが、幼児期以後の手術によって視力を快復し、物体認識が正常に行えるようになっても、顔に対する認知には障害が残るという知見から、顔の認知には、生得的な脳内機構の存在と、物体認識とは異なる発達過程が関与することを示唆している。山口（2010）も、乳児の視覚発達研究を概観するなかで、「形態視の中で最も高度で複雑な処理である顔認知は、意外なことに発達的に早い時期から出現し、ひとみしりの始まる頃には成人と同じレベルに達するようになる」ことを指摘している。そして、「社会的に重要な視覚刺激である顔は、さまざまな視覚対象とは質的に異なる性質をもっていることが推測できる」としている。さらに、市川（2013）の実験では、表情認識につながる顔らしい動きに注目するのが生後7か月以降であることが示されている。

　山口（2010）も述べているように、よく知った人と見知らぬ人を区別し、養育者を主とする特定の人とのあいだにアタッチメントを形成するマイルストーンである人見知りの時期に、顔認知も一つのピークに達していることは興味深い。生後間もなくから示す顔への敏感性も、乳児が人との関わり合いのなかで成長していくものであることを表していると受け止めることができる。山口・金沢（2008）は、自身の実験場面でもよく認められた現象として、乳児が周囲の状況を判断する必要があると

き、生後7か月頃から、しきりに母親の顔色をうかがうようになること
を挙げている。社会的参照（social reference）と呼ばれる現象であり、1歳
児を対象とした Scorce, Emde, Campos & Klinnert (1985) の視覚的断崖
（Visual Cliff）の実験では、母親が不安気な表情をしていると渡ろうとし
ないが、微笑んでいると断崖に見えるところを渡りだしたことを示して
いる。つまり、ただ顔という形態の刺激を好むというだけでなく、表情
から何かしらのメッセージを読み取るようになっていることがわかる。
山口・金沢（2008）は、肯定的表情と否定的な表情の区別が、7か月児に
はできず、10か月児には可能になっていることについて、ハイハイなど
で自力で動き、探索活動が活発になる時期、身に迫る危険を回避すると
いう実際的な必要から、肯定（安全）・否定（危険）の区別も急速に発達す
るとしている。

　乳児に見られる側の養育者に目を移すと、「赤ちゃんの顔を見ていた
ら、知らない間に時間が過ぎて……どれだけ見ていても飽きないです」
ということがある。そこから、養育者もまた乳児の表情からさまざまな
サインを読み取り、養育行動を取っていくようになる。乳児がまだ言葉
という伝達手段を用いないため、養育者の方が、乳児が表情認識するよ
うになるずっと以前から、乳児の表情（当然、声なども同時的に生じているが）
を手がかりに関わっているとも言える。穏やかな表情に養育者も落ち着
いた気持ちになったり、むずがる子どもに対して、その顔を見て「どう
したの？」と、お腹をさすったり、抱き上げたりしながら、その表情が
落ち着いてくることでまたホッとするのである。Emde (1980) は、こう
した乳児と養育者の相互作用を情緒応答性（emotional availability）と呼び、
研究を進めていくなかで、養育者の情緒応答性に偏りがある場合の影響
などについても指摘している（Emde, 1989 / 2003 など）。そして、養育者側

第5章　表情を感じる体験世界

の情緒応答性をアセスメントするために IFEEL Pictures（Infant Facial Expressionof Emotions from Looking at Pictures; Emde, Osofsky & Butterfield, 1993）を作成している。12か月児のさまざまな表情写真から、どのような種類の情緒を読み取り、それをどの程度感じるのかを捉えようとするものである。つまり、情緒的関わり合いにおいて、顔に表れる信号の感受性に焦点を当てているのである。

　このように乳児期から見直すと、顔への感受性が高いことは双方向性のものであり、関係性の基盤となることがわかる。それとともに、ただ他よりよく見る（選好）というところを出発点としながらも、顔を見ることで、そのとき必要な情報を得ようとしている姿が浮き彫りになる。それは“顔を見る”ことに終わらず、“表情を読み取ること”へとつながっていく。言い換えると、顔に表れた相手の“心的状態を感じ取る”ということが暗に含まれているのである。

表情を理解する体験

　しかし、顔に表れる心的状態といっても、そこには情動、感情、意図、欲求などが複雑にかつ曖昧に混ざり合っている。また、「顔に出やすい」あるいは「ポーカーフェイス」という表現があるように、心的状態がどのように表れるかも一定のものがあるわけではない。それでも、喜んでいる顔、怒っている顔など、感情を表す特徴的な顔があり、人の顔写真だけでなく、絵やイラスト、顔文字と言われる図形や線の組み合わせからも表情を理解することができる。新版Ｋ式発達検査では、2001年版以降、2歳代の課題に「表情理解」という項目が2段階で設定されている。2

歳前半で「泣いている顔」と「笑っている顔」について、2歳後半で「怒っている顔」「喜んでいる顔」「驚いている顔、ビックリしている顔」「悲しんでいる顔」を、図版に描かれた人の顔から正しく指示できるかを問う課題である。表情理解の課題は、1980年に公刊された新版K式発達検査の改訂の際に、発達障害のアセスメントにもより対応するものとして新たに追加された項目である（新版K式発達検査研究会, 2008）。通過率50％の年齢段階に項目が設定されているので、2歳代から3歳代の子どもたちが、基本的な表情を識別しつつあるということがわかる。

　ただ、筆者自身の臨床実践から、この課題は、基本的な感情を表す表情を識別できるか、できないかという能力を捉えるだけではなく、表情を理解するとはどういう体験なのかを立ち止まって考えさせられるものである。子どもによっては、図版を見ようとしなかったり、押しのけるなどして拒否の姿勢を示す。他の課題の発達レベルとは不釣り合いに表情理解の課題が不通過になる子どももいる。また、怒っている顔に対してのみ「わからない」と答えたり、驚いている表情の顔を指さす子どももいる。当然、それぞれの子どものアセスメントは異なるが、視点を変えると、各表情がわかりやすく描かれた図版は、感情がむき出しになった顔が並んでいると捉えることもできる。吉川（2000）は、表情を刺激とした脳画像研究から、「表情という視覚刺激が、見る人の情動を活性化する、一種の情動喚起刺激である」ことを指摘しているが、上に挙げた子どもたちの反応は、まさに、人の表情という刺激によって、彼ら自身の情動が揺り動かされていたようであった。

　実際、日常生活においては、ある表情だけを、それまでの文脈やその人との関係性といった要素を排除して見ることはほぼない。先にも触れたように、表情を見るしくみは、生後1年以内にはある程度形成されて

いる（山口・金沢，2008）ことを考えると、表情に対する子どもたちの反応を、その子どもの文脈や関係性のあり方を含んだ理解へとつなげていかなければ意味がないとも言える。たとえば、怒っている顔に「わからない」と答えた子どもの背景に、親から厳しく叱責されている環境があったこともある。Pollak & Tolley-Schell（2003）は、3歳から5歳の身体的虐待を受けた子どもと養育を放棄された（ネグレクト）子どもでは、ネグレクトの子どもの方が、表情認識の正答率が低く、親との関わりが少なく、表情に対する経験が少ないため、表情がわかりにくかったのではないかと考察している。さらに、ネグレクトの子どもは表情を「悲しい」と判断しがちであり、身体的虐待を受けた子どもは「怒り」と判断しがちで、悲しみや嫌悪の表情の区別が難しかったことを示している。

　表情を見るときに情動が喚起されるということも踏まえると、子どもにとって、その表情による情動体験が相手のものなのか自分のものなのか、悲しいのは相手なのか、自分なのか、判然としないという体験があるのではないだろうか。もしかすると「どうしてそんなことするの！」と怒られるとき、親の心的状態には、想定外の行動をする子どもに対する驚きや戸惑いという気持ちも混ざっているかもしれないし、子ども自身、怒られてビックリしているかもしれない。怒っている顔を問われて驚いている顔を指さした子どもの反応には、そういった心的状態が表れているのかもしれない。Winnicott（1967 / 2015）が、「母親と家族の鏡としての役割」において、「赤ん坊は、母親の顔にまなざしを向けている時、いったい何を見ているのか。赤ん坊が見ているのは、通常自分自身であると思う」と述べているように、表情を見ることは、そこに映る自分自身を見つけ出す体験でもあることを見落としてはいけないであろう。表情理解の課題では、表情から感情をわかっているかというところ

に関心を向けがちであるが、顔を見ることは、子ども自身が、自分の心的状態を探索することであり、そこに養育者からの言葉かけなど（悲しいね、ワクワクするねなど）が合わさり、他の人とも共有できる心的状態として発見していくのではないだろうか。

モノたちの表情

このように自分の心的状態を映し出し、映し返してくれる鏡のような存在を通して、人は、見守られている感覚のなか、自分自身を見るという不可分な体験をしている。この鏡の機能は、人とのあいだだけでなく、さまざまな事物とのあいだでも生じているのではないだろうか。

たとえば、プレイセラピーで用いられる人形の顔は、できるだけ表情が特定できないようにしておくことに意味がある。森（2005）も「明らかに笑っている、怒っている、悲しんでいるという表情が読み取れないような、ニュートラルな表情をしたものがよい」と述べており、特定化した表情ではないことで、クライエントが自由な表情をそこに見いだすことができ、その心的状態を扱っていくことができる。人形だけでなく、ミニカーやプラレールの電車など、生物でもなく顔もない玩具にも、性格や名前が与えられ、表情をもって生きているように動かされ、クライエントの心的状態や体験世界が表現される。さらには人形や玩具だけでなく、木や建物、時計、傘、太陽や雲など、モノや自然に対して、まるで表情のある生き物のように感じ、そのまなざしを感じつつ、自分の心的状態を映し出す、投影するような体験は、プレイセラピーに限らず、日常生活においても珍しいことではない。

第5章　表情を感じる体験世界

　こうした人とモノとの関係性を、まど・みちおの「ものたちと」（まど，2005）という詩に見ることができる。

　　いつだってひとは　ものたちといる
　　あたりまえのかおで
　　おなじあたりまえのかおで　ものたちも
　　そうしているのだと　しんじて
　　はだかでひとり　ふろにいるときでさえ
　　タオル　クシ　カガミ　セッケンといる
　　どころか　そのふろばそのものが　もので
　　そのふろばをもつ　すまいもむろん　もの
　　ものたちから　みはなされることだけは
　　ありえないのだ　このよでひとは
　　こころやさしい　ぬのきれ一まい
　　よりそっていないとは　しんじにくい

　まど（2005）は、「生物の母親みたいな無生物に人間は大変お世話になってるんだ」ということを言いたくてこの詩を書いたと述べている。「ものたち」が特別な顔をしているわけではなく、ただ当たり前にそこにあることの安心をしみじみと感じることができるのである。こうしたアニミズム的思考は、外界世界を自分の視点から見る自己中心性によって、無生物や自然にも生命や意識を認める現象が幼児期に特徴的な思考（Piajet, 1929 / 1955）とされ、客観的に事物を捉えられない幼いあり方とされがちであるが、まど（2005）の視点は、人間がモノを使い、自然をコントロールするといった doing ではなく、ただ共にあることを、さらに

91

はモノたちの方が人間を抱えてくれている母親みたいだと being の様相を示している。

　Biringen & Robinson（1991）は、母子間の情緒応答性は、母親の感受性、子どもの反応性、母親の非侵入性、子どもによる関与の促しという4つの側面から構成されているとしたが、そのうち、母親の非侵入性とは、"そこにいる being there" 存在であり、子どもを見守ることによってその自律的行動を支持する母親を示している（長屋, 2009）。まさに、そこにいて見守ってくれている「ものたち」は、母親のような、家族のような、共にある仲間のような存在である。現実的には生きていない「ものたち」からの応答はなく、一方向ではあるが、情緒的な関係性が生じている。本章の初めに挙げた子どもたちが「め・め・はな・くち」を見つけ出すことは、ふとしたところで見守っている存在を感じ、また、自分がいることを実感することにつながっているのではないだろうか。

文字や「ことば」の表情

　自分を見守ってくれているような存在として、モノだけでなく、文字やことばにも表情や動きを感じることがある。ある1年生の女の子は、"教わる" という字を書くとき、すいすいとリズムにのって書けることが好きで、この字を友だちみたいに感じるという（鹿島・灰谷, 1994）。ある4年生の男の子は "四" という字は、死につながるからみんな嫌うが、四年四組四番の自分は、しれん、しんぼう、しあわせと思っていると、"四" という漢数字への愛着を示している（読売新聞生活部, 2017）。ブックデザイナーの祖父江慎氏は、子どもの頃の文字について、秀英体明朝の

ような、「納豆の糸がひいているみたいなひらがなの文字が、幽霊の怨念のように」見えており、音で表すと「ひゅ〜……どろどろどろ〜」というような感じで怖く、ゴシック体は「魂みたいなひゅ〜どろライン」が少ないので怖くなかったということや、小学校のとき、自身の名前にある“ふ”の字が、教科書では四画で学んだのに、本などでは二画、親が書く“ふ”は一筆書きのようなど、形がちがうのに同じと言われても、どれが本当なのかわからなくなり悩んだと語っている（小野, 2018）。これらのエピソードは、一般的な文字というより、その人と情緒的な関係性が生まれた文字と言える。そこでは、文字の意味内容だけでなく、リズムや音、かたちの動きのような生気情動（Stern, 1985 / 1989）を感じているようである。

　こうした文字やことばに表情や動きを感じる相貌的知覚は、自閉スペクトラム症の人たちの知覚体験として多く報告されている（小林, 2004；ニキ・藤家, 2004；勝浦, 2011など）。滝川（2024）は、自閉スペクトラム症における体験世界について述べるなかで、「アスペルガー症候群」と呼ばれてきた子どもたちについて、愛着力（接近力）の不足を探索能力の高さ（知的な高さ）で補い、養育者との二人三脚に頼らずに独力でもって、意味で捉え直した世界（認識的な体験世界）を自分のものにしてきたとしている。すでに意味（概念）という認識を獲得している大人たちとの密接な相互交流を介さず、独力で獲得した「意味の世界」は、個性的な色が濃く、社会的な共同性の土台がゆるく、揺らぎやすく不安定であるという。

　勝浦（2011）が示している中学1年生のアスペルガー症候群の男子生徒の事例でも、言葉の意味理解やコミュニケーションとしては他の人と「すれ違い」が生じており、相貌性を特徴としたイメージによって言葉や文字の意味を捉えている。たとえば、“迷”と“速”という漢字に、シ

ンニョウカーのレースをイメージし、関わり手に"米"か"束"を選ばせ、お話が進んでいく。また、"暑さ厳しき折"とは、折"の折り返すイメージで冬だと思ったとのことである。筆者が担当した小学3年生の女児は、反対に、「木がいっぱいというのが"もり"の漢字」と覚えて書こうとするが、木がいっぱいというイメージを思い浮かべると、木を3つ書くのか4つ書くのか、いっぱいということがわからなくなると言う（倉光・黒川, 2015）。

　文字やことばは、社会的な共通ルールがあり、個人の体験を他者とも共有するためのツールでもある。しかし、文字やことばに、表情や動きを感じることで、それは、社会的なものから私的なもの、主観的なものへと変化する。勝浦 (2011) は、「相貌性」を「目に見える形」にして共に眺められるようにし、共にその相貌性を知覚し、そのうえで、周囲の生徒たちとのつなぎ役という社会的な共通ルールにもつなげることが、彼らの援助になることを示している。小林 (2004) も、駅のポスターなどにある「九」君と「州」君の2人が、漢字の太さや形態（フォント）によって、笑ったり、泣いたり、怒ったりしていると感情の動きまで受け取っている事例を示し、勝浦 (2011) と同じように、こうした相貌的知覚体験が、彼らにとって楽しそうであること、快適に感じられる体験であるかもしれないことに言及している。

　『まちには　いろんな　かおがいて』(佐々木, 2013) では、建物の窓や水道の蛇口など、日常の中に隠れた顔に出会う楽しさ、またそこから表情や気持ちが読み取れるような感覚が示されている。人の表情は、うつろいやすく一定であることはない。それにもかかわらず、人の表情を正しく読み取ることは、社会的参照で示されているように、安全／危険の判断をして、現実に適応するために求められることである。それに対し

て、モノに対する相貌性は、主観的体験世界と客観的体験世界の中間領域で遊ぶという創造的体験を生きることに開かれているのかもしれない。

あらためて顔の表情

　自閉スペクトラム症の人が他者の顔を覚えたり、同定することは、清水（2018）やニキ・藤家（2004）などで示されているとおり、目、鼻、眉毛などの部分に意識がいき、その人の顔というまとまりで体験しにくいなど特有の難しさがある。同時に、視線を交わすという関わり合いが生じにくいため、乳児期から他者から映し返される自分を知るという体験をもちにくい。そうした背景もあり、自分の顔についても不確実な感覚をもっている（清水, 2018）。もちろんその人によって異なるが、自閉スペクトラム症の人の表情変化は大きくない。しかし、その中でも少し緩んだ表情、こわばった表情、嬉しそうな表情など、その人なりの表情の動きをふと見せてくれるときがある。

　第1章で取り上げたAは、3歳で自閉スペクトラム症の診断を受け、半年間の療育プログラムに参加したあと幼稚園に通い出した。発達相談の場は継続しており、幼稚園入園後の4歳8か月時、Aは落ち着いた様子で発達検査の新しい課題にも取り組むなど、成長がうかがえた。人物完成の課題には「ゆきだるま〜」と言いながら、顔のパーツは描かず、お腹の方に、おっぱいとおへそあるいは目と口（もしくは鼻）と思える○を3つ描いた［描画A-⑤］。検査を一通り終え、母親からは、偏食がはげしく、お弁当に何を入れても食べてくれず試行錯誤していることや、幼

描画A-⑤

描画A-⑥

描画A-⑦

第5章　表情を感じる体験世界

描画A-⑧

描画A-⑨

稚園のプールを楽しみにしているが、お気に入りの水着でないと嫌だと言い張り、困っているという話題になる。Aの成長を感じつつも、こだわりの強さが一つひとつ大変でもあることを母親と共有した。その話をしているとき、Aは、クレヨンの色を順番に塗っていくパターン化したものを描いている［描画A-⑥、A-⑦］。母親とセラピストは、「水着、水色もいいんじゃない？」や「今の水着はもうちっちゃくてお尻が出ちゃうよ」などAにもそれとなく話しながらどうしたものかと相談している。セラピストからもAに向かってたずねてみると、顔もあげずに「いや」。その即答ぶりに、母親もセラピストも笑ってしまい、母親は「もうお尻がはみ出してもいっかぁ。園の先生に任せます」となった。Aは顔をあげたりしないまま、新しい紙に［描画A-⑧］を描き、少し失敗し

97

たというふうに裏返して、［描画A-⑨］を描いた。その絵の表情からは
Aの「やった〜！」という声まで聞こえてきそうであった。

第6章

眠ることにおける
不確かさの体験

乳幼児期の睡眠と離乳

　生後しばらく3〜4時間おきに目を覚まして授乳をするサイクルから、少しずつ夜と昼の区別ができ、睡眠－覚醒のリズムが整ってくる。ただ、よく眠る子もいれば、少しの物音で眠りが中断してしまう敏感な子もいる。1回の睡眠時間が長いタイプもいれば、短いタイプ、不安定な子どももいる。抱っこしていないと寝ない子もいれば、自分で眠れる子もいる。夜泣きも子どもによって異なり、時期によっても変化する。杉山ら（2023）が、乳幼児の保護者が育てにくさを感じる子どもの要因のなかで、食事の次に睡眠に関することが高い割合であることを明らかにしているが、乳幼児の睡眠の問題は、養育者にとっても寝不足や睡眠リズムの乱れなどを引き起こし、心身ともに負担が大きくなるところである。当然のこととして、養育者は、何とかスムーズに子どもを寝かしつけることに関心を向け、その親子なりの眠りに就きやすい方略を見つけ出すことになる。

　そこで、黒川（2020）で示したある2歳と5歳の姉妹をもつ母親の語りを取り上げる。母親は、次女の離乳についてどうしたものかと悩んでいる中で、「長女は早くから一人前の口をきいていたので、その子におっぱいをあげるのが嫌で、1歳半で説明してやめた。でも、次女は、2歳を過ぎたのにずるずると……夜寝かしつけるときに、とにかく楽」と語った。その後、母親が心を決めて断乳を次女に伝え、絵本を読みながら添い寝をしたところ、泣くのではないか、眠れないのではないかと心配していたが、すんなりと断乳に成功したとのこと。「こちらが面倒くさいことになったら嫌だなってビビッていたのかな」と感想を述べた。

第6章　眠ることにおける不確かさの体験

　長女は、1歳半の頃に比較的しっかりと自分のことを話せるように
なっており、もはやinfant ではなかった。そのため関わりの次元はおっ
ぱいではなく、言葉でのコミュニケーションであると母親は直感的に感
じていたのであろう。それに対して、次女も年齢相応に言葉を話してい
たが、寝かしつけのときは、まだ口をふさいで自分のことを話せないよ
う、言わば infant のままにしていたとも言える。ただ、絵本などのイ
メージや言葉を介した関わりの次元に成長しており、母親は次女と共に
絵本を眺めながら豊かな情緒的な関わり合いを味わったようであった。

　Dolto（1984 / 1994）は、「母親が優しさと相互理解をもって言語伝達（ラ
ンガージュ）による関係をつくりながら、離乳を好ましいものとして促進
するなら」、乳児の口を乳房から離すことは象徴性を産むものになると
し、母子の関係は、身体接触による短絡的回路から、長い迂回路をもち
距離をおいた心と心のコミュニケーションへと変化していくと述べてい
る。就労などにより日中離れて過ごす母子にとっては「帰宅後と寝かし
つけのときだけは」と、言葉を介さない身体接触の短絡路によって得ら
れる一体感や安心感は手放し難い面もあるが、乳房を吸っていた口は、
話すこと、歌うことなどに引き継がれることになる（竹内, 2004）。

Winnicott の移行対象・移行現象理論

　一方、乳幼児も指しゃぶりをしながらお決まりのタオルを顔に当てた
り、毛布の端をいじったり、お気に入りのぬいぐるみを横に寝かすなど、
眠りに向かう一連のお決まりの行動をみせるようになる。Winnicott
（1953）は、こうしたその子どもにとって特別なモノについて「最初の自

101

分ではない所有物 the first not-me possession」であることに着目し、移行対象（transitional objects）・移行現象（transitional phenomena）という術語を用い、子どもの情緒発達に意味をもつことを明らかにした。移行対象は指しゃぶりなどの自体愛的体験と組み合わさった形でよく見られ、移行対象を用いた機能的体験に「思考することや空想すること」が結びついてくるすべてを移行現象と呼ぶ。そして、どの子どもについても調べてみたら言葉やメロディー、決まった癖なども含め、就眠時に特に重要となり、不安（とくに抑うつ的なタイプの不安）に対する防衛にもなる現象があるとしている。

　Winnicott（1953）は、移行対象・移行現象を可能にするのは、初めは乳児の欲求にほぼ完全に適応し、その後、母親の不在に乳幼児が次第に対処できるようになるのに応じて、徐々に適応の完全さを減らしていく「ほどよい母親（育児）good enough mother（care）」の存在であるとしている。乳児は、求めている乳房を幻想的に創り出したちょうどそのときに、実際の乳房が母親によって差し出されているにも関わらず、それには気づかない錯覚（illusion）を体験し、子どもの発達にともなって母親も原初的没頭（primary maternal preoccupation）から覚めていくため適度に子どもの欲求に適応しそこない、乳児は脱錯覚（disillusion）を体験するという緩やかな錯覚－脱錯覚のプロセスが生じる。Winnicott（1953）は、「単なる授乳の終わりが離乳ではない」と述べ、錯覚－脱錯覚のプロセスは、「離乳という言葉で集約している諸々のフラストレーションの舞台が準備される」ことであるとしている。だからこそ、移行対象・移行現象は、内的現実と客観的（外的）現実のどちらに属するかを問われない「体験することの中間領域 the intermediate area of experiencing」に位置することが重要になる。そして、この中間領域は、子どもの体験の大きな部分

第6章　眠ることにおける不確かさの体験

を占め、その後、生涯を通して遊びや芸術、想像力に富んだ生活など、個人にとって常に大切な意味をもつようになるとされる。

　このようにWinnicott（1953）の移行対象・移行現象理論は、離乳や就眠、あるいは母子分離という乳幼児期の親子にとって身近でかつ避けては通れないテーマに対して、目に見えない乳幼児と養育者の関係性の質的な変化とその過程における子どもの心的体験を描き出したものである。乳幼児がお気に入りの物に対して特別な愛着を示す姿は外側から見えるため、移行対象をもつかもたないか、その違いを生み出す要因は何かということに関心が向くところであり、これまで移行対象発現率と養育環境や文化差の研究が多くおこなわれてきた（Mahalski ,1983 ; Gaddini, R. & Gaddini, E. 1970 ; Hong & Townes, 1976：Hobara, 2003など）。欧米圏が60〜90％と比較的高率であることに対して、日本での移行対象発現率は30％程度（藤井, 1985；遠藤, 1989；井原, 1996；黒川, 1999など）と低率であり、その背景として、添い寝が一般的で母子の身体接触が多い養育環境が挙げられてきた。しかし、王・森定（2023）では、未就学の6歳以下の子どもの50.2％と約半数の子どもに移行対象が発現しているだけでなく、添い寝がある子どもの方が添い寝のない子どもより移行対象の出現率が高いという結果が報告されている。そこで、あらためて、移行対象・移行現象の特質である「体験の中間領域」「母親との関わりの変化」、そして「移行」について検討するため、母親へのインタビュー調査によって得られた3例を示す。

移行対象・移行現象の実際

① X（男児、5歳8か月、幼稚園年長組）

　家族構成：父、母、兄（9歳）、Xの4人家族。昼間、離れに父方祖父母が来ている。

　生育歴：生下時体重3752ｇ、初歩1歳、始語1歳3か月、生後6か月間は母乳、その後人工乳。人見知りははっきりあり、初めてのことには慎重な性格。入園後3日目まで嫌がって泣いていた。年中組になってから「どうせみんなぼくのこと嫌いやし」と登園を渋り出す。何をするかよりも、兄か気が合う友達と一緒に遊ぶということが大切。登園を渋り出した頃始めたピアノで自信をつけ、年長組になり、また登園する気を起こした。

　就眠様式：1歳半頃までベビーベッド。その後母親のベッドで一緒に寝る。指しゃぶりは6か月頃からしており、1歳か1歳半頃から左肩にボタンがついたパジャマでないと眠れなくなる。左親指を吸いながら、右手で左肩を触る。1〜2歳頃は指しゃぶりの方が主で、昼間寂しい時や叱られた時にも吸っていた。祖母から止めるように言われ、止めたいが止められないという状況が続き、2歳過ぎ頃から昼寝も含め就眠時に強く左肩にボタンのある服を要求した。4歳過ぎにこれらの服がXには小さくなり、母親が説明して従兄弟にあげることになる。それに対して抵抗することはなく、パジャマがなくなってからは指を吸う時間が短くなりいつの間にか指しゃぶりを止めていた。その後にたまたま家族でXが指しゃぶりをしている姿が映ったビデオを見ることがあった。するとXは「こんなん見たくなかった！」とすごい剣幕で怒った。このとき母親は、

第6章　眠ることにおける不確かさの体験

Xががんばってやめて、少しお兄さんになれたと思っていたところに、赤ちゃんみたいな自分を突きつけられて、辛かったのだろうと思ったと言う。指しゃぶりに対して母親は、祖母に愛情が足りないせいではないかと言われたり、健診時に歯並びが悪くなると注意されて気にしていた時期もあったが、いつかは止めるだろうと深く悩むことはしなかった。就眠時、母親に絵本を読んでもらうことは楽しみにしており、絵本を読んでからでないと眠れないということは現在も続いている。Xが気に入っているお決まりの絵本と、母親が読んでやりたいと思う絵本の2冊を読むことが習慣になっている。寝つけなかった時や夜中に母親が横にいなかった時は、泣きながら探しに来て「寂しい」と訴える。もう一度、母親が添い寝をして、眠りに就く。

〈考察〉

　Winnicott（1953）は、移行対象・移行現象が位置する体験の中間領域は、その正当性を問われないことが大切であると強調して述べている。しかし、Xは、指しゃぶりを注意され、「やめなければならないこと」という負荷がかかり、葛藤的な体験となっていたことがうかがえる。ボタンのついたパジャマは移行対象と呼べるものであるが、体に合わなくなったという理由で手放すことになったのも、Xではない外側から意味づけされた結果である。ただ、Dolto（1984 / 1994）が離乳のプロセスで述べているように、母親の優しさと相互理解のもと「言語伝達（ランガーシュ）による関係をつくりながら」距離を取り、自然とパジャマと指しゃぶりを手放すことになったのであろう。一方、母親との添い寝やそこでの絵本の読み聞かせは、Xにとって葛藤がない状況である。指しゃぶりとは違い、他の人から干渉されないという意味で、母親にとっても葛藤

のない状況であると言えるかもしれない。そこでXは母親の存在を感じながら、絵本のストーリーを思い巡らし、緩やかに広がる空間の中に身をおくことができる。「楽しみにしている」というのは、この葛藤がない空間で、Xが自由に空想し、体験することができるからであろう。年中組の時のエピソードやビデオへの反応などから、Xなりの有能感、自己肯定感への取り組みが感じられるだけに、母親と一緒に創られる中間領域での体験は、正当性が問われないからこそ大切になってくるという面もあるのではないだろうか。

②Y（女児、4歳7か月、幼稚園年中組）

　家族構成：父、母、Y、弟（3歳）、妹（1歳）の5人家族。

　生育歴：生下時体重3660ｇ、初歩11か月、始語1歳、生後5か月間は母乳。弟の誕生の際（1歳7か月時）には混乱を示さなかったが、妹誕生の時（3歳7か月時）には、喃語を用いたり赤ちゃん返りを示した。人見知りはなく、初めてのことにも物怖じすることはない。入園時少し不安そうであったが、毎日楽しみに登園。友達とはごっこ遊びが主。家では折り紙やお絵かきをして、母親に側で見てもらいたがるなど離れようとしない。

　就眠様式：ベビーベッドは使わず、初めから母親が添い寝。指しゃぶり（人差し指と中指）は生後まもなくからで、それとともに1歳過ぎから母親の首の皮を引っ張るようになる。母親は痛かったが、好きなようにさせていた。半年間続いた後、羽毛布団に愛着の対象が変わり、指しゃぶりをしながら布団を触ることが就眠時に限って見られた。弟が母親の肘を触る癖を見て、Yも髪を撫でて欲しいと言い出す。そして今は、指しゃぶりをしながらもう一方の手で布団を触り、かつ母親に髪を撫でて

もらいながら眠っている。布団が汚くなってきたため止めるよう母親が促すと、しばらく考えて「これがいいねん。宝物やねん」と答えた。新しい布団は手触りが違うため受け入れられず、また、この羽毛布団を母親以外には触らせないなど、Ｙにとって特別なものであることが母親にも十分わかり、Ｙが要らないと言うまで「いいかと思った」。母親の両側にＹと弟、母親の体の上に妹が寝ており、弟は母親の肘、妹は乳首を触り、それぞれに自分なりのことをしながら眠りに就く。

　最近、友達の家に泊まりにいき、初めて布団無しで寝ることができた。そのときは、ギリギリのところまで眠るのを我慢していたようであった。家では、眠くて仕方ない時だけ、母親の姿が見えていると、布団を触りながら独りで寝ることができるようになった。

〈考察〉
　指しゃぶりとともに母親の首を引っ張る行動は、赤ん坊がミルクを飲むときに、片手で母親の服や皮膚を引っ張るしぐさの延長と見て取れる。そこから、移行対象である羽毛布団をもつようになるのだが、ちょうど弟の誕生の時期と重なる。母親がＹと寝ることができない時期があったであろうし、Ｙへの関わりも少なくなって当然である。母親の関わりの漸減によって移行対象をもつことは、Winnicott（1953）でも示されてきた。しかし、愛着物をもち混乱を表面上示さないことと、妹の誕生時のように実際の退行現象を示すことのどちらが良いということはない。Ｙはそうしてきょうだいたちを迎える体験をしたのである。そして、この母親の特徴か、あるいは子どもたちを含めて創り出される環境の特徴なのか、母親の体に触れてその感触を味わう行動が3人ともに出現している。この環境の中にあるＹは、一度は布団をもつことで母親の感触

から離れはしたが、弟の様子を見て、今度はY自身が母親に要求して髪を撫でてもらうという関わりを創り出している。首を触ることと、髪を撫でてもらうことは、両方母親を必要としているが、前者は感触を求めたもの、後者は関わりを求めたものと、意味しているところは異なっている。このようなYと母親の関わりの中で、「宝物」である布団も母親自身もそれぞれに意味をなし、Yを抱える環境は変化しつつも存在し続けている。

③Z（男児、4歳8か月、幼稚園年中組）

家族：父、母、姉（7歳）、Z、父方祖父母の6人家族。

生育歴：生下時体重3784g、初歩10か月、始語2歳、生後1か月間は母乳、その後母乳が主の混合乳、4か月目から人工乳が主になる。性格は独りで2階におもちゃを取りに行けないなど怖がり。一つの遊びをしていることが多く、ビデオを見ながら人形に同じ動作をさせたり、自分でなりきって遊ぶ。入園時の反応は特になかったが、5月の連休明けに周期性嘔吐症（自家中毒）で3日間入院。今年（年中組）の9月に再度起こすが、入院はなし。

就眠様式：生後3か月間はベビーベッド。その後姉の就眠時に母親に抱かれて一緒に寝る。現在は、母親の両側に姉とZが寝て、電気を消した暗い中で3人で楽しい話をする。そのお話は特に決まったものではなく、その日の出来事を中心に、母親が即興的に作り、そこにZや姉が乗ってきて、ゲラゲラと笑いが盛り上がっていく。ひとしきり笑い楽しんだら、楽しい気分の余韻を残しながら「さあ寝よう、おやすみ！」と母親が一声かけ、皆で目を閉じる。その後Zは体を母親にくっつけ、腕を触ったり、腕枕をしてもらいたがる。そして眠りに落ちる直前に、右

第6章　眠ることにおける不確かさの体験

手で自分の鼻をほじり、その手でパジャマの襟刳りや袖口の縫い合わせ部分を触る。生後5か月頃からベビー服の襟刳りを噛むようになっていたが、始めた時期は定かではない。指しゃぶりなどの口唇活動はない。姉は特定のぬいぐるみを必ずもって寝るが、Zは朝遊べるように袋に入れて枕元に置くだけでよい。

　また、年少組の1年間は毎日幼稚園に本をもって行きたがった。前日の晩に、お気に入りの本の中から選ぶ。ある日うっかり忘れ、登園バスの中でそのことに気付いたZはその日一日中泣いていたということがあった。年中組の現在は、毎日ではなく時々もって行きたがる程度である。

〈考察〉

　ここでは、お話があり、母親の腕の感触を味わい、自分の体を刺激しながら服の感触を味わい、そして眠りに落ちるという睡眠までの時間の流れが存在している。この一連の営み全体がZにとって意味をなしている。また、3人で創り出している暗闇の空間では、互いに見えないけれども存在を感じ取ることができるという関係が成立している。そのような環境の中で、母親がするお話は、3人一緒に楽しい気持ちに浸るとともに、Zが一人で空想を膨らませたり、その日に体験したことや感じたことを、その日の終わりに、自分なりに体験できるのではないかと考えられる。母親の腕を好むことは、母親に抱かれて眠っていたことの延長上にある。感触や温かさなどから、乳児期以来の自分を想起しながら今の自分の存在を感じる体験なのかもしれない。枕元に袋に入れて置いておくぬいぐるみも移行対象と呼べるが、これは、眠りの世界に一緒に連れて行くのではなく、Zが眠りの世界から戻ってくることを待ってくれ

ているものではないだろうか。Ζは、言葉が出るまでの期間がやや長く、自家中毒を起こしていることなどから、心的体験が言葉になりにくい面も考えられる。幼稚園に持参した本も、母親や家族と共にある環境そのものを幼稚園空間にもって行き、空間ごとつなごうとしていたのではないだろうか。Ζのこれらの行動からは、あるところから別のところ（場所だけでなく時間的にも）への移行だけでなく、「行ってまた戻ってくる」という体験が重要であることが示されている。

　以上のように、就眠時に示されている子どもと母親の営みは、Winnicott（1953；1971 / 1979, 2015）の言う移行現象であり、そこで注目すべきは移行対象の有無や実際の母親の存在の有無ではないことがわかるであろう。それぞれに独自の時空間を創り出し、移行対象と呼ばれるものも、その時々に応じた意味をなしている。母親が添い寝して、身体的に大変近い存在であり続ける環境であっても、子どもたちは、それぞれに自分の体験をしている。この3例は、特に際立った特徴をもつものではない。乳児期から幼児期にかけての子どもたちは、生得的な性質と環境との組み合わせの中で、それぞれにこのような体験をしながら、毎日毎晩を過ごしているのである。

共に在ることと一人でいること

　移行対象は、たとえば就眠時という母子分離過程で、実際の母親がいなくても、それによって母親（乳房）を象徴的に代理し、自らを落ち着かせ（soother）、一人で眠ることができるという機能を果たすと考えられて

きた。そこから逆に、母親の不在という状況を作り出さないことは、子どもの一般的な象徴形成や想像的生活の発達を遅らせるという考えも示された（Gaddini, R. & Gaddini, E., 1970）。しかし、上記の3例からわかるように、実際の母親が一緒にいても、子ども自身が十分に想像的生活を体験していると思われる。つまり、ここから理解できることは、母親の不在時に移行対象をもつことで、「一人でいることができる」ということではなく、母親など他の人と一緒にいながらも、侵襲されずに自分という存在があり、「自分の体験」としてさまざまな体験をしているという意味での一人でいることができるということではないだろうか。Winnicott（1958 / 2022）は、「一人でいられる能力（a capacity to be alone）」の基盤として、「母親と一緒にいて一人であったという体験」という逆説を示しており、まさに、移行現象と呼べるここでの体験全体を表していると考えられる。

　「母親と一緒にいて一人である」という体験が、どのような母親との関係性を表しているのかを検討してみる。Winnicottには、母子一対という母親の存在なくして赤ん坊が存在することはないとの考え方が基本にあるが、その母親の機能として“対象としての母親（object-mother）”と“環境としての母親（environment-mother）”という二つの母親の存在を想定している（Winnicott, 1965 / 2022）。たとえば、乳児がおっぱいやミルクを求めているとき、乳児の欲求を満たす乳房は、“対象としての母親”である。一方“環境としての母親”とは、育児全体の中で、乳児の世話をし、気を配ったりする母親のことで、安心してミルクを飲んだり遊んだりすることを保証してくれる母親の腕やその空間である。Ogden（1986 / 1996）は一人でいる能力の発達において、内在化されるのは、対象としての母親ではなく、環境としての母親であると述べている。ここでは、

母親が敏感に子どものニーズを感じ取り、合わせるので、乳児は錯覚を体験し、自らのニーズを感じることもなければ、自分もその一部である"環境としての母親"の存在を見ることがない。これをOgden (1986 / 1996) は"不可視の一体性"と呼んでいるが、このような関係性にあるため、「一緒にいて一人である」という体験が可能になる。ただし、ここで示した3人の母親も、子どもたちを抱える環境として機能していると同時に、身体接触や存在自体なども求められており、対象としての母親としても機能している。つまり「他者とともにいて一人（自分）である」と読むこともでき、自他の分化に関わる"対象としての母親"の機能と、"環境としての母親"の機能は併存しているのである。

　またこれは、Stern (1985 / 1989) の「他者と共にある自己」の体験として捉えることもできる。就眠時の母子の営みは、柔らかくあたたかな感触や匂い、子守唄や絵本の読み聞かせの声、乳児期にはミルクの味などが無様式に知覚され、覚醒レベルが調節され眠りに落ちるという生気情動レベルでの「自己を調節する他者 (self-regulatory other)」と共に繰り返される自己状態の変容体験である。そして、日々繰り返される自己調節的他者との相互交流が徐々に一般化され、Representation of Interaction that have been Generalized (RIG) が形成されるのである。

就眠と遊びの不確か

　ではなぜ、子どもたちは、就眠時にこれだけの営みを必要としているのであろうか。
　移行対象・移行現象が、覚醒から睡眠への橋渡しとして機能すること

第6章　眠ることにおける不確かさの体験

は示されてきた（Winnicott, 1953 ; Winnicott, 1971 / 1979, 2015；Gaddini, R. & Gaddini, E., 1970 ; Mahalski, 1983など）が、Winnicott（1945 / 1989）は「眠っている子どもと目覚めている子どもとの統合は長い時間をかけて現れるものである」と述べ、乳児の自然な状態として、眠っている自分、ミルクを飲んでいる自分、泣き叫んでいる自分などが、同じ自分であると気づいていない一時的無統合（primary unintegration）の状態から、一つのまとまりのある統合された存在へと向かうためには、経験の断片の部分部分を寄せ集めてくれる抱える環境が重要となるとしている。「環境としての母親」の機能は先に述べたが、乳児はそれによって時間的・空間的な存在の連続性（continuity of being）が保証される。

　また、無統合から統合への過程において、乳児はただ抱えられ、まとまりを与えられるだけではなく、自らまとまりをつくっていこうとする存在でもある。日々の養育者との関わりの中で得られる実際の視覚刺激や感触、匂いなどにより、乳児は、経験の断片を豊かにして徐々にまとまりのある体験としていくとともに、この素材を幻想の中で使い、"呼び出す（conjure up）能力"を築いていく（Winnicott, 1945 / 1989）。つまり先に述べたStern（1985 / 1989）のRIGであるが、就眠時も、乳児は自らが眠る体験のまとまりを作っていく。当然、日によって関わりは変化するが、これらの素材が逆に「変わらないもの」として、眠るというまとまりのある体験を呼び出す手がかりとなってくる。乳幼児がそれぞれにお決まりの行動を必要としていることは、この「変わらなさ」を求めていることでもあり、自らで存在の連続性を維持しようとしている。たとえば、Yが感触の違う新しい布団を受け入れられないのは、母親との関わりを含めたY自身の体験の連続性が失われるからである。Zが母親の腕の感触を好むことも、母親に抱かれて眠っていた頃から体験しつづけて

113

いるZ自身の存在を何度となく呼び出し、存在の連続性を体験している。Xにとっては、視覚的なもの、温かさ、感触、匂い、声と母親全体が素材になっているので、夜中に目をさましたときに変わらず横に母親がいてくれることを求めるのではないだろうか。すなわち、乳幼児にとって、就眠時は、それぞれにお決まりの行動を必要とするほど、存在の連続性やまとまりの感覚が揺らぐ時であると考えられる。

　しかし、「眠る」ということを考えてみると、眠って目を覚ますことは、日々繰り返されていることであるが、まどろんではいてもいつまでも眠りに落ちることができないこともあるし、また、眠りに落ちてそのまま目が覚めないかもしれないという可能性は常に存在している。次の日を迎えることの不確実感や、前の日の自分と、眠っている自分、夢を見ている自分、そして目を覚ました自分が、同じ自分ではあるが、まったく同一ではないという不一致感は否定しきれないのである。Zが、枕元にぬいぐるみの入った袋を置いておくことは、眠りの世界から戻ってくることを約束し、同じ自分であることを確認するためのもののようにも考えられる。

　また、Winnicott（1958 / 2022）は、抱える環境の連続性や安定性が維持されていれば、幼児は、健康な退行とも呼べる無統合を再体験する能力をもっていると述べている。この表現は、むしろ積極的に無統合状態を体験する面もあることを示している。3人の子どもたちが、就眠時において、母親とのお話や触れ合い、また絵本の世界を楽しみにしているように、就眠時は自分の存在がバラバラになるような不安を感じているだけではない。Winnicott（1953 ; 1971 / 1979, 2015）は、体験の中間領域は、遊びの領域へとつながっていくとしているが、これまで見てきたように、移行対象・移行現象は、子どもと母親との営みによって創りだされ

た環境の中で体験される。この子どもと母親とのあいだの空間を、Winnicott（1971 / 1979, 2015）は、遊ぶことに場を与えるために"潜在空間（potential space）"、すなわち可能性にみちた空間とした。さらに、遊ぶことは、「本来的に感動的で不確かなもの（precariousness）である」と述べ、遊ぶことの本質的特徴は、「本能の喚起に由来するものではなく、子どもの中にある、主観的なもの（幻覚に近いもの）と客観的に知覚されるもの（実際の、あるいは共有する現実）とのあいだの相互作用に伴う不確かさに由来するものである」と述べている。このように、就眠時の不確実さは、遊ぶことの本質である不確かさに通じるところがある。つまり、就眠時のさまざまな営みは、子どもにとって、「遊ぶこと」であるとも言えるのではないだろうか。ここでは、主観的なものと客観的なもの、起きている世界と寝ている世界、一人でいることと一緒にいること、まとまりのある自分とバラバラな自分のあいだを「行ったり来たり」しているのである。

幼児期後半の子どもの体験世界

Winnicott（1958 / 2022）は、「一人でいられる能力」を可能にする子どもと母親の関係を「自我－関係性」という言葉を用いて重要視しているが、それは、「友人関係 friendship がつくられる原材料になると考えるから」と述べている。幼児期後半の子どもは、同年齢集団にも参加し、友達と遊ぶこと、先生とのやりとり、共同での創作活動、ルールを守ることなどを経験するようになる。Fraiberg（1959 / 1992）が、幼児期後半の子どもについて、宇宙の中心であることの終わりと称し、魔術的思考

から客観的視点を取り入れ科学的な問いをもつ理性の年齢へと向かうとしている。自分は何者なのか、どこから来たのかといった自己を問い、自分は生まれる前どこにいたのか、死ぬとはどういうことかなどを考えるようになる。空想やファンタジーが生き生きするとともに、客観的な現実感覚も育ってくるという中で、上記の3例からもわかるように、4〜5歳なりの揺らぎが生じている。

　Erikson, E. H. & Erikson, J. M.（1997 / 2001）が示した幼児期後半の心理社会的課題は、自分以外の存在を意識し、相手がある関係の中で、自分らしさを発揮するという自主性に取り組むことであり、道徳心や規範意識などの社会的感覚という秩序を身につけていく時期である。日中の活動性も高く、お昼寝もなくなっていくため、夜眠ることは昼とのコントラストが強く、存在の連続性の揺らぎが大きくなることもあるのかもしれない。次にあげる子どもの言葉からは、そうした幼児期後半の子どもの体験を垣間見ることができるであろう。

　「ゆめ」　みねまつ　たけし（4歳）
　あのね先生
　ぼくわ
　ゆめをひとりでみるからこわいの

鹿島・灰谷（1994）

　「夜」　小池　諒太（年中）
　めをつむると
　おばけがくるから
　めをあけて

第6章　眠ることにおける不確かさの体験

こころでねむる

読売新聞生活部（2017）

　吉田ら（2018）による4〜5歳の幼児と保護者を対象とした調査からは、男児で84.4〜92.1%、女児で85.3〜92.9%と非常に高率で添い寝をしている実態が明らかにされた。添い寝をする理由として、「コミュニケーションをとり子どもが安心して眠れるようにする」ためや「夜に子どもが体調を崩したり目を覚ましたりしたときに対応する」ためなどが挙げられている。添い寝が一般的な養育環境において、Dolto（1984 / 1994）のいう長い迂回路による心と心のコミュニケーションという関わり合いと、身体性をともなう関わり合いは、不可分なものになっている。その中で子どもは“独り”の体験もしているが、物理的には一人ではないという体験もしている。日本の子育て文化の特徴のなかに、WinnicottやSternの理論に包含されている“他者と共にある”という前提が見て取れ、一緒にいる誰かの存在を感じることや、それによる安心感が基盤になっていることを再認識できるのではないだろうか。

第 **7** 章

体験の中間領域から見る
幼児の物語り

CAT日本版図版を用いて

橋渡しをする言葉

　園生活など集団社会の中で体験を広げる幼児期において、言葉で伝え
てわかってもらう、言葉で言われたことを理解するという、他者と共有
できる言葉を媒介にしたコミュニケーションが活発になる。その前段階
として、McLeod（1997 / 2007）は、Nelson（2006）による *Narratives
from the crib* で研究されている22か月から36か月までの夜眠りに落ち
るまでのある女児の独り言（monologue）が、ストーリーの構造をもち、
自分の経験を再現すると同時に、問題解決するための語りとなっていた
ことを取り上げて「物語る能力の獲得は、子どもが言語使用を覚えるの
とほぼ同時期である」と述べ、言葉を話せるようになることは、他の誰
でもない個別性をもった自分について物語ることへとつながっていくと
している。

　自分を物語るという行為には、語られる客体としての自分という表象
が必要となるが、人はどのように“自分”について知ることができるの
であろうか。Lacan（1949 / 1972）による「鏡像段階」の概念やWinnicott
（1971 / 1979）による「母親の鏡としての役割」に示されているように、人
は自分自身の全体像、自分という存在を、自分一人で見ることができな
い。鏡に映った自分の姿を自己像と同定することによって、他者の目に
映っている自分を知ることによってしか、自分を自分として認めること
ができないのである。本来一つであるはずの“自分”という存在は、い
わば外側の自分と内側の自分の二つに切り離されている。こうした対人
過程のもとおこなわれる自分自身の組織化は、鏡や他者の目に映った自
分は、自分そのものではないが、自分であるという逆説のうえに成り

第7章　体験の中間領域から見る幼児の物語り

立っているのである。

　切り離された自分をつなぐものとして、言葉を見直すことができるであろう。言葉を獲得するまでの1年余りのあいだ、乳児は養育者などの他者から名前を呼ばれ、言葉をかけられ過ごしている。たとえば、自分の名前は、自分自身を表す代表的な言葉であるが、もともと親や周囲の人たちから与えられたものであり、同時に、その名前によって自分を組織化していくことができる。Stern（1985 / 1989）も指摘しているように、言葉は、外側から乳児に与えられるものであるが、その言葉と結びつく体験や思考は乳児の内側に準備されている。ある意味で乳児によって発見されたり、創造されるものであり、Winnicott（1953）の移行対象（transitional objects）として捉えられる。その根拠として、Vygotsky（1962 / 2001）やBruner（1983 / 1988）が示しているとおり、言葉の獲得は対人過程であり、乳児と養育者という関係性を基盤としている点、言葉は自分ではない（not-me）ものであるが、自分の言葉、所有物として用いる点、内側で想像（創造）したものか、外側から差し出されたものかの正当性を問われない中間領域に位置している点などが挙げられる。つまり、言葉には、乳児と養育者、自分と他者、内側と外側、主体と客体とのあいだを橋渡しする働きがあり、物語るという行為は、こうした"あいだ"の領域における体験と言えるのではないだろうか。

　ただ、言葉は、乳幼児が肌身離さずもち歩こうとするタオルやぬいぐるみなどの移行対象と同じく、乳児と養育者、内的主観的体験と外的客観的体験との双方に関連しているが、そのどちらでもない第三の存在である。言葉はさまざまな意味を内包しており、現実の生活における物事や出来事とは1対1の関係にとどまらない。その瞬間、その場での文脈から離れると、言葉自体の自律性を止めることはできないのである。だ

121

からこそ、言葉によって、自分の体験を思考したり、他者と共有する中で変化を生み出すことが可能になるが（Stern, 1985 / 1989 ; Dolto, 1987 / 1994）、そうであればなおさら、その語りを聴くというプロセスも大切になる。

子どもの語りを聴くこと

　安達（2023）は、ナラティブ（narrative）は、「産物としての物語（story）が語り（telling）という行為と切り離せないことを体現する言葉」であり、声やまなざし、体勢といった身体をもって、聴く他者を前に語る一回性や現場性のある対人相互行為としている。つまり、物語る－聴くという二者の身体性も含めた関係性の上に成り立っている行為とも言えるが、難しいことに、子どもの語りにはモノローグ（独り言）的な特徴がある。プレイセラピーにおいても、クライエントが作り出す物語は、起承転結とうまくまとまることはなかなかできず、途中で筋から逸れたり、混沌を極めたり、急に終わりを告げたりする。また、クライエントが一人で物語を展開させることもあるが、セラピストが何役かを担い、物語作りに参入していることも多い。つまり、聴き手であるセラピストに向かって、クライエントが語り、それに対して、セラピストが応えるというような対話（ダイアローグ）とは異なる関係性である。

　そこで、戸川らによって作られた幼児・児童絵画統覚検査日本版（Children's Apperception Test：以下CAT日本版）の図版を用いて、幼稚園年長児に物語を作ってもらう（戸川, 1955）。CAT日本版は、Bellak, L.のCAT（Children's Apperception Test）を基礎としたもので、満5歳以上の子

第7章　体験の中間領域から見る幼児の物語り

どもを対象として作られ、動物の絵を見せてそれについての物語を作らせ、物語を分析することによって人格診断をおこなおうとするものである。本研究は、個人の人格診断をおこなう目的ではなく、物語を作り、それを語る―聴くというコミュニケーションの形態（McLeod, 1997 / 2007）自体に注目する。

　CATおよびCAT日本版は、子どもなりに「自己を語る」ことができるよう、彼らにとって容易にかつ好んで自己を同一化する動物の絵を用いており、CAT日本版では「リスのチロちゃん」を主人公として物語を作ってもらうという工夫がなされている。主人公のチロちゃんがどれで、何をしているのか、どうしてか、この先どうなるのか、他の動物たちとはどのような関係にあるのかなどを話してもらう。物語を作ることには、順序性や因果関係的連鎖をもって展開する、意図や目標、感情をもつ発動者としての自分を捉えることが含まれており（Stern, 1985 / 1989）、主人公の意識というフィルターを通した現実の描写とされ（Bruner, 1983 / 1988）、語り手の心的世界が表現され得るのである。

　それゆえ、同じ図版を見ても、それぞれの子どもが異なる物語を作り出すのであり、久保田（1993）によると、Bellak, L.は統覚について、「ある知覚についての主体の意味深き解釈」と定義している。統覚についてはWinnicott（1953）も、客観的現実を受け入れる過程で「現実検討に言及し、統覚（apperception）と知覚（perception）の区別を明確にするのだが」とわざわざ前置きをしてうえで、内的主観的現実と外的客観的現実のあいだの「体験することの中間領域」の重要性を主張している。つまり、CAT図版を見て物語を作るという体験は、子どもにとって、過去と現在を行き来し、また、自分の内的主観的現実とチロちゃんという外的客観的現実とのあいだを行き来しながら、心的世界を表現するプロセスと

123

捉えることができる。

　ただ、戸川 (1955) も指摘しているように、自発的に順序性や因果関係的連鎖を含んだ物語を作成することが難しい子どももいる。先にも述べたように、本研究では、物語の内容よりむしろ、こうした難しさも含め、幼児が聴き手に語るという行為がどのような体験なのかを検討するため、なるべく語り手（対象児）と聴き手（施行者・筆者）との実際のやりとりを中心にみていくことにする。

CAT 日本版実施の概要

　幼稚園年長組園児70名（男児38名、女児32名）、年齢範囲5歳6か月〜6歳5か月、平均年齢6歳1か月に対して、幼稚園内の静かな部屋で個別に実施。なるべく自由に話せるようラポールを形成するためのやりとりを少しした後、児童絵画統覚検査解説（戸川, 1955）の施行法に従った。対象児が自発的に物語を作れるように配慮し、練習用図版で施行者と一緒に作成した後、1枚ずつ図版を示し、対象児が自分で物語を作成するように教示。必要に応じて、チロちゃんはどれか、何をしているのか、他の動物たちは誰か、何をしているのか、これからどうなるのかなどの補足質問をおこなった。

　CAT 日本版は練習用も含め17図版によって構成されているが、その中で対象児にとって身近でかつさまざまな感情体験をしていると考えられる4図版を選択。過度に葛藤を刺激しないよう配慮し、次の順番で施行した。

　Ⅰ. おままごと（図版6）：おままごとや遠足などの場面。前方の2匹が

喧嘩か相撲をしている様子と、後方の2匹が見ている様子が描かれている。

Ⅱ．幼稚園（図版7）：幼稚園への登園あるいは降園などの場面。門のところで大人のリスと向かい合っている子どものリス、園庭で遊んでいるリス、他のリスとは少し離れているリスがおり、登園を嫌がっているのか、母親が迎えに来てくれたのか、他のお友だちと遊んでいるのかなどの様子が描かれている。

Ⅲ．赤ちゃん（図版3）：母リスに抱かれ乳房を含んでいるリス、それを横で見ているリスがおり、赤ちゃんとして母親に抱かれているのか、兄・姉としての関わりなのかなどの様子が描かれている。

Ⅳ．運動会（図版4）：運動会の場面で、先頭を走るリス、転んだリス、応援しているリスなどが、他の多くの動物たちの中に描かれている。

所要時間は、5分～20分であった。

物語の形態分類と「物語る－聴く」プロセスの検討

筋道のある物語を作成した対象児は31名（44.3%）で男児15名、女児16名、複数の文を話すがつながりがわかりにくい物語が29名（41.4%）で男児15名、女児14名、一語文・二語文程度の物語が9名（12.9%）で男児8名、女児1名、その他が女児1名（1.4%）であった。その他とは、4図版とおして、チロちゃんは指さしをして示してくれたが、場面統覚などは、施行者の問いかけにも首をかしげて言葉が出ないままであった女児の1名である。他の69名については、何かしらの言語表現はあった。また、こうした物語の形態は、4図版とおしてほぼ同じ特徴であった [図2]。

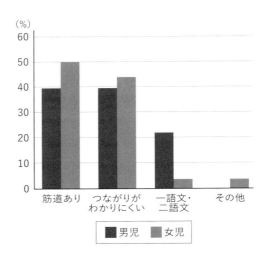

図2　物語の形態分類と発現率

　以下、各物語の形態における「物語る－聴く」プロセスを示し考察する。〈　〉は施行者の発言である。

①筋道のある物語における「物語る－聴く」プロセス

　全体では44.3%、女児においては半数の子どもが筋道のある物語を作成している。内田 (1986) は、物語の創造とごっこ遊びの関連について示しているが、年長組になると、それ以前より話の展開が長く、登場人物の役割も複雑化しながらも協同して一つの遊びを創りあげることができる。それぞれの役を演じながら、いわゆるト書きの部分を語るなど、言葉によって互いの状況を設定しながら一つのテーマが共有されるという遊びを日常的に経験している (内田, 1986；岩田, 2001)。これは、一人 (一

第7章　体験の中間領域から見る幼児の物語り

役）ずつ異なる役割や感情体験をもつ個人と、その個人が複数集まり、共通のルールのうえで意味が共有されて成り立つ社会、集団、また、その社会の中にいる個人としての自分という認識を培っている体験と捉えることができる。下記の例のように、筋道のある物語には、場面の背景状況やチロちゃんをはじめとした登場する動物たちのセリフや感情状態が言葉にされている。こうした物語には、幼児なりの個と集団の体験や内的主観的体験と外的客観的体験との双方が反映されているのではないだろうか。

　a男児・幼稚園図版：幼稚園に行った。今日、初めてやから、お母さんと一緒に手をつないで来はった。この後？（自問）泣きながら幼稚園に入って、先生と話して、お外で遊んだ。
　b女児・幼稚園図版：動物園。えっと、動物園とちがって幼稚園。ここが幼稚園の教室。ここ（園庭）が遊ぶとこ。チロちゃんは……（門のところで母リスといる）これ。ほんとは、こっち（園庭）に行かないとあかんのやけど、チロちゃんは甘えてはるから、中に入れない。〈そうなん。それで？〉あんな、多分な、チロちゃん、ここ（幼稚園）初めてやから、甘えてはってな、ほんで「今日はやめます」ってお母さんが言わはった。
　c女児・赤ちゃん図版：チロちゃん（赤ちゃんを見ているリスを指差し）、お母さんに赤ちゃんが生まれて、チロちゃんが「あ、かわいいな」って思って見てて。そんで、赤ちゃんもチロちゃんを見てて、お母さんも「いい子、いい子」ってやって寝かしはんの。

　このようなチロちゃんや他の動物たちの感情体験やセリフ、背景の状況というものは、図版のどこにも示されていない。見えない心の動きを

127

感じ取り、それを言葉によって表現している。それゆえ、上記のaとb
の例からもわかるように、同じ幼稚園図版であっても、語られる内容は、
チロちゃんという主人公の意識をとおした語り手の心的世界の表現とし
て聴くことになるのである。そこでは、語り手と聴き手が、それぞれの
主観的体験をもとに、共通のテーマを感じ取ることができる"私たち"
の言葉（Stern, 1985 / 1989）となっており、「ないもの」を語り、「共にある
こと」を感じる「物語る－聴く」プロセスと言えるであろう。

②つながりがわかりにくい物語における「物語る－聴く」プロセス

　筋道のある物語に対して、複数の文を語りつつもつながりがわかりに
くい物語は、図版に描かれた部分に反応して羅列的に言及するという傾
向が見られた。

　d男児・運動会図版：図版を見るなり、「わーかった！　運動会して
はるの」〈そうやなあ〉チロちゃんは先頭を走るリス。「一番ドベタの人
がこの人で、1番、2番、3番、4番、5番、6番」とコースにいる動物たちを
順番に指差す。「いや」と言いなおし、旗をもっている動物を「1位、2位、
3位、4位……」〈チロちゃんは？〉「1番！　で、なくって4番。」

　e女児・おままごと図版：「これリスさん（チロちゃん）だ」と後方の小
さなリスを指す。そして自発的に「これ、山かなんかでお弁当食べてん
のかな」〈うん〉「これコーヒー、これはお茶。あ、寝てはる」と手前で
ひっくり返っているリスが目に入る。〈チロちゃんは、何してるの？〉
「座ってはる」〈そうか……で、この後は？〉「ご飯食べる」

　f女児・赤ちゃん図版：図版をしばらく見て、「おやつ食べてるとこ」。
チロちゃんは、母リスに抱かれているリスを選ぶ。「これはお母さん、

第7章　体験の中間領域から見る幼児の物語り

これお父さん」と順に示す。〈そうやなあ〉しばらく間があり、〈それ
で？〉と施行者が促すと、「ミルク飲まはる」

　このように、目に見える物や、チロちゃんや他の動物たちの具体的行
動に関心が向いている。筋道のある物語とは対照的に、図版に描かれて
いる「あること」を言葉で示していくが、一緒に図版を見ているはずの
聴き手は、物語を共有しにくい。dの場合では、先頭を走っているはず
のチロちゃんが、どうして1番ではなく4番になるのかわからない気持
ちを残したままになり、eでは、お弁当の場で寝ているリスがいて、チ
ロちゃんはただ座っているだけなのだろうかとその感情体験や2匹のや
りとりの無さに疑問を抱く。fの場合では、それぞれのリスが、チロちゃ
ん、母親、父親であるということはわかったが、その3匹の情緒的関わ
りを感じ取ることは難しかった。そのため聴き手は、CAT日本版の補
足質問にもあるように（戸川, 1955）、理由やその後の展開などを確かめ
ようとする問いかけをしがちになる。ところが、返ってくる反応は、「わ
からない」や上記の例にも示されているように疑問を解決するようなも
のではない。だからこそ、このような語りを聴くとき、順序性や因果関
係的つながりがないと言うだけでなく、どのように語り手の表現にアプ
ローチできるのかを考えていく必要が生じてくる。
　この物語を作成した対象児たちは、一つひとつその子どもなりに目に
付いたことを言葉で示す（指さしが伴う場合もある）ため、聴き手はそれに
注意を向け、「共に眺める」（北山, 2005）ことになる。これは、言葉の獲
得の前提となる指さし行動が示しているように、目に見える実在の事物
を介して語り手と聴き手が共に眺める（共同注視 [joint attention]）という三
項関係を作り出す。三項関係において、媒介する事物は現前のここにあ

129

るものに限られ、指さしはここにないものを指し示すことができない（やまだ, 2005）。そうではあるが、ここにあるものを共に眺める人と人とのあいだには情緒的交流が盛んにおこなわれている（北山, 2005）。言葉は、筋道のある物語において述べたように、ここにないものを現前化する働きや見ることができない人の心的体験を表す働きをもっている。しかしながら、ここで語られている言葉は、ちょうど指さしと同じような「ここにあるもの」を指し示す機能を果たしているのではないだろうか。そのため、つながりがわかりにくい物語における「物語る－聴く」プロセスでは、言葉を聴きながら共に見ること自体の意義が大きくあると考えられる。物語に登場する動物たちの感情体験ややりとりに焦点を当てるよりむしろ、今、ここで、図版を見て一つひとつ示そうとする語り手自身の小さな驚きや戸惑い、楽しさや不安などを共に感じ、語り手と聴き手が共に眺めることが大切になるであろう。

③一語文・二語文程度の物語における「物語る－聴く」プロセス

一語文・二語文程度の物語は、男児に特徴的な形態であった。ただ、言葉数としては非常に少ないが、物語るプロセスにおいて、語り手の情緒的な揺れ動きなどが非言語的に表現されていた。そのプロセスを検討するため、ここでは男児gと女児hの4図版すべての反応を示す。

g男児

おままごと図版：図版をじっと見てしばらく考え込む。「ご飯食べてる？」〈そうやな〉沈黙。〈チロちゃんはどれ？〉後方で前方の2匹が喧嘩か何かをしている様子を見ている小さいほうのリスを指差す。〈この後は？〉首をかしげる。

130

第7章　体験の中間領域から見る幼児の物語り

幼稚園図版：すぐに「幼稚園」〈そうやなあ〉少し待ってから〈チロちゃんは？〉門のところで母親といるリスを指差す。そして（この後）「遊んだ」

赤ちゃん図版：少し困っているような表情を示す。〈チロちゃんはどれやろ？〉赤ちゃんを見ているリスを指差す。〈何してるのかな？〉「遊んでんの」

運動会図版：すぐに「運動会」と言い、先頭を走るリスを指差す。〈どうなるやろ？〉「う〜ん、わからん」〈そうやね、わからんね〉

h女児

おままごと図版：しばらく沈黙。〈何してるとこかなあ……？〉「おままごと」〈そうやなあ。チロちゃんは？〉後方の小さいリスを指差す。そして、沈黙。

幼稚園図版：「公園」〈うん〉施行者の〈チロちゃんは？〉という問いかけを待っているようで、たずねると、門のところいる子リスを指し、向かい合っている母リスを「お母さん」と言う。〈うん、そうやねえ……〉〈何してるのかなあ？〉「わかんない」

赤ちゃん図版：チロちゃんという意味を込めたように「赤ちゃん」と母リスに抱かれている子リスを指差す。そして、すぐに「わかんない」施行者は、〈そうやね。赤ちゃんなんやね〉と返す。

運動会図版：「かけっこ」先頭を走るリスを指差す。〈そうやね〉

これらの反応にも示されているように、一語文程度で答える対象児は、図版に描かれている場面がわからないのではなく、図版から受け取る多くの刺激をどう受け取ったらよいのか、そして、どう反応したらよいのか、どこを言葉にしたらよいのかということがわからない様子で

131

あった。表情や沈黙などでその困惑や迷いを示すほか、「もういい」と自ら終わりを告げることもあった。

　この特徴を考えるときに、言葉がつなげる機能だけでなく切る機能をもっていることへと目を向けなければならない。これまで論じてきたように、言葉は自分（語り手）と他者（聴き手）をつなぐ働きをする。しかし、自分自身が体験していることを言葉で表そうとするとき、子どもであれ大人であれ、体験していることすべてをそっくりそのまま言葉に託することは不可能である。Stern（1985 / 1989）は、言葉の獲得によって、対人世界や自己感に新しい体験様式が出現するが、それ以前の前言語的な体験様式がなくなるわけではなく存在し続けることを示している。言葉は、総括的な非言語的体験を構成する感情、感覚、知覚、認知の集合体の一断片を捉えるものであるにもかかわらず、鋳直したり、変換する力をもっている。「その結果、二つの人生、つまり非言語的体験としてあるもとの人生と、言語化された体験としての人生が生じる」（Stern, 1985 / 1989）ことになる。

　たとえば、上記の運動会図版において、ｇもｈも先頭を走るリスをチロちゃんと選びはした。しかし、このチロちゃんがそのまま一等賞になるのか、他のリスが転んだように、チロちゃんも転んでしまうのか、応援している動物たちはどんな様子なのか、物語の展開にはさまざまな可能性が潜んでいる。語り手自身が幼稚園でした実際の運動会の体験も想起されるであろう。チロちゃんがどうなるかということを言葉にすることは、さまざまな可能性から一つだけを切り取ることになってしまう。また、赤ちゃん図版を見るときも、当然、母親に抱かれているリスと、それを見ているリスの両方が目に入ってくる。チロちゃんを決める過程で、少なからず自分を問われるわけであるが、そのときも、母親に抱か

れている赤ちゃんの自分もあり、もう少し大きくなった自分も存在していると両方の可能性を感じるであろう。そうした可能性を潜ませながら、聴き手がいるところで言葉にしたり、チロちゃんを決めるということは、切り取られた断片だけが他者とのあいだで受け取られるものとなりかねない。齋藤（1999）は、こうしたSternの考えをもとに、言語化などにより社会化された自己と、社会化されず沈殿していまい、また秘かに温存される潜在性自己を検討し、子どもにとってリアルな自己はむしろ潜在性自己の方ではないかと述べている。一語文・二語文程度の応答をした子どもたちが、言葉にするときにどこか痛みを感じているように聴こえたのは、こうした自己の亀裂に伴うものであったのであろうか。

　つまり、ここで見られる言葉は、感じたり、知覚したりした「あったはず」の生の体験を、「ないもの」のようにする働きをもっている。しかし、もし言葉にしないままであれば、その体験は言いようのない体験であり続け、そのリアルさとは裏腹に、どこまでも未知のままとなるであろう。それは、自分にとっても他者とのあいだにおいても未知のままであり、言葉にすることによって、ようやく輪郭のあるものとして捉えることができるということも事実である。こうした「物語るー聴く」プロセスにおいては、語り手の表現を聴くことは非常に難しいが、喪を語る言葉として、その痛みや「なくしたもの」を、非言語的な情動レベルも含めて聴くことが求められているのかもしれない。

中間領域における「物語るー聴く」体験

　来談者の語りに耳を傾けるとき、何を言わんとしているのか確かなも

のを摑もうとする。しかしながら、言葉で十分に表現し得ないとされる子どもの物語を詳しく検討することによって、言葉自体の意味や語られた内容だけでなく、語るという行為あるいは「物語る－聴く」というプロセスが、語り手の"自分"とかかわる本質的な問題であることがわかった。そこには、在（ある）－不在（ない）というテーマが見え隠れしている。

　また、ないものを表現することができると同時に、あるものをないようにしてしまう言葉は、体験そのものではないが、同時に体験を表すものである。言葉はつなぐ機能をもっているが、切り離す機能もある。語り手の言葉であるとともに、語り手と聴き手とを含む誰のものでもない言葉である。このような逆説が成り立つ中間領域で営まれている。子どもに限らず、来談者の語りを「聴く」ということは、こうした二つの現実のあいだを行ったり来たりする不確かさを共に体験するということではないだろうか。

第 **8** 章

プレイセラピーにおける
実在性（actuality）

プレイセラピーに対する長い迂回路

　乳幼児の「ことば」について検討していくと、他者と共有できる社会化された言葉を話すことが、自分の本質的な体験を言葉で表現できることを意味するわけではないことが見えてくる。クライエントがいくら意味のわかる言葉を話していても、セラピストとしてなかなかクライエントが言わんとしていることを捉えられないことも少なくない。「子どもだから」と言葉の代わりに遊びを用いるプレイセラピーをおこなうという理解はあまりにも短絡的なものであり、そこには、子どもを「まだ（大人のようには）〜できない」未熟な存在とみなしている面がある。はたしてクライエントである子どもができないこと、わからないことを、セラピストである大人はすでにできる、わかっているのであろうか。

　Winnicott（1971 / 2015）は、「心理療法は、患者の遊ぶことの領域と、セラピストの遊ぶことの領域という、ふたつの遊ぶことの領域の重なり合いのなかで起こる」と述べ、Axline（1947 / 1972）の著作を取り上げ、遊ぶことによる心理療法において重要な瞬間は、「子どもが自分で自分に驚く（the child surprises himself or herself）」ときであり、セラピストが賢い解釈をする瞬間ではないという点で共通の認識であることを示している。プレイセラピーの場が、クライエントである子どもの身体性をともなう実存的問いに向き合う場であるとすると、確かにあるという実在性（actuality）を不確かなもの（precariousness）である遊ぶことを通してどのように体験するのか、それを検討するためには長い迂回路が必要である。

第8章　プレイセラピーにおける実在性（actuality）

遊びの中で表出されていること

　プレイセラピーのアクチュアリティ（actuality）を検討するため、6歳男児Bのプレイセラピー過程のあるセッションを取り上げる。数分間隔の頻尿により保育園でも落ち着いて遊べない状態になっていることをきっかけに母親とともに来談。両親の関係は非常に不安定でBときょうだいの姓が違うという状況であった。小学校入学までの約9か月間、週1回の母子並行面接の設定で、筆者がBのプレイセラピーを担当した（以降、〈　〉内はセラピストの発言）。

　セラピー開始後しばらくして頻尿の症状は無くなり、Bは比較的落ち着いて過ごせるようになっていた。半年を過ぎた頃、Bはミニカーの道路をつなげることに熱心に取り組むようになる。道路のパーツをつけてははずし、つけてははずしとこだわりながら、交差点や信号を設置していく。床に腹ばいになり、道路を地平から眺めて確認し、納得がいく道路ができてくると、1台のミニカーを駐車場から出そうと動かしてみる。道路作りに相当の時間を費やすためミニカーを走らせる時間はあまり長く取れないが、Bは「あかんなぁ」と言いながらいつも駐車場から上手く出られない。見守っているセラピストも、なぜだかわからないが、あかんなぁ、出られないなぁという気持ちになる。何がだめなのだろう、どこがだめなのだろうと、Bと並んで腹ばいになり眺めたり、Bとセラピストとで違う方向から眺めたり、立ち上がって俯瞰的に眺めてみたりするが、皆目見当がつかないことが続いていた。

　そのセッションも、同じように道路作りをしていたBが「そうや」と思い立ち、ホワイトボードへと向かった。「見ててや」とペンをもち、「1

137

と0で10やろ」〈うん〉「また0をつけたら100やろ」と10の後ろに0を書き足す。〈うん〉「また0つけたら1000やろ」〈うん〉「それで0をつけたら？」〈10000（いちまん）〉「うん」Bが0を書き足し、セラピストが〈100000（じゅうまん）〉「そんで？」と0を書き足し、〈1000000（ひゃくまん）〉「そんで」0000……と書き足していくところに〈せんまん、いちおく、じゅうおく、ひゃくおく……〉と数えあげていくと、ホワイトボードには、Bが書いた1の後ろに0がたくさん並んでいく。Bはやや興奮気味に、「な、すごいやろ。数って無限（むげん）なんやで」と目を輝かせてセラピストを見てきた。セラピストは"ほんまやぁ、むげんやぁ、すごい！！"と感嘆しながらも、実際は声も出せずに〈うん、うん〉とうなずき、Bの「むげん」という言葉に世界が一気に広がっていく可能性というものを身体感覚として感じていた。するとBは「でもな、ゼロって無いってことなんやろ」と落ち着いた口調でセラピストにたずねるというわけでもなく呟いた。ホワイトボードにずらっと並んだ拙い「0」は、どこか石ころのようにも見える。無限の可能性と同時に無いこと。目の前にはBの書いた「1」と「0」の数字が確かにある。Bはその不思議さに、そのまま向き合っており、新たな世界に足を踏み入れた静かな勇者のようであった。

　車が駐車場からなかなか出ていけないという閉塞感と、それを一気に吹き飛ばすような無限の可能性、しかし、「無い」ものが重なることでどんどん数が大きくなるとはどういうことか？　という実存的な問い。プレイセラピーをしていると、単純な問題解決や、ハッピーエンドになるわけでもないことを、むしろ子どもの方が直視しているのではないかと思わされることがある。Bは、自分が体験していることは、信号や道路標識など、人が設定するルールではどうにもならないと感じていたのかもしれない。一方で、小学校という新しい環境で、これから出会う

第8章　プレイセラピーにおける実在性（actuality）

"数"という未知なる秩序の中にB自身が包まれるような感覚をもったのではないだろうか。両親の不安定で激しい関係性に巻き込まれているBにとって、記号としての「0」と「0」の意味のあいだの体験が、何かの手がかりになるかもしれないと思わされるほどであった。プレイセラピストとは、このような子どものもつ実存的な問いに寄り添うことが仕事と言えるのではないだろうか。

おもちゃという言葉

子ども中心プレイセラピーの立場であるLandreth（2012 / 2014）は、プレイセラピーにおいて、「おもちゃは、子どもに言葉のように用いられるものであり、遊びは子どもの言語である」と述べ、子どもたちは自らの選んだおもちゃを通して、あまりにも恐ろしくて直接表現することができない感情や態度を、安全に投影することができるとしている。Freud（1908 / 1969, 2007）も、子どもは遊びに非常に真剣であり、大変な情動量を注いでいようとも、遊びの世界を現実ときちんと区別しており、見たり触れたりできる現実の物事を範にとり、これに依託（仮託）して、自身の想像上の対象や状況を創り出そうしていることを述べている。どちらも、子どもの遊びにおけるおもちゃ（現実の事物）の重要性を示している。Bがこのとき熱心に取り組んだ道路作りも、両親、家族、あるいはその地域との関係から出ようとするけれども、どうにも出られないことを、道路のおもちゃやミニカーを通して表現していたと考えられる。

『おもちゃと遊具の心理学』（Newson, J. & Newson, E. 1979 / 2007）を著した

Newson, J. & Newson, E. は、「おもちゃをもっていることの結果として遊ぶわけではなく、遊びを続けさせるための一つの小道具にすぎない」と述べ、赤ん坊にとっては養育者がおもちゃとしての役割を担い、自分の手足もおもちゃになるとし、子どもにとっては、周囲にあるものはどんなものでもおもちゃであり、これがおもちゃについて考えるときの出発点であるとしている。いわゆるおもちゃをもたない子どもは、「遊びの小道具になるもの」を自分でつくり出すようにもなる。その上で、人間の想像力は非常にはてしなく、複雑なものであるからこそ、いわばモノとして触れることができ、（空想の世界を）自由に動き回るための準拠点として、おもちゃは子どもに必要とされているのではないかと言及している。プレイセラピーから少し離れるが、有名な Freud（1920 / 1996, 2006）が観察した孫息子の糸巻き遊びも、ひもを手繰り寄せることができる糸巻きだからこそ、それを準拠点にして、「いない（消滅）－いた（再来）」を仮託している。興味深いところは、その子どもが、そのモノ（おもちゃ）を選び、そのように使うという妙である。Freud（1920 / 1996, 2006）も孫息子が「糸巻きを床に転がして引っぱって歩こう、つまり、車ごっこをしようとは思いもせず」と述べている。「まず遊びがあり、それにおもちゃがついてくる」という Newson, J. & Newson, E.（1979 / 2007）の言葉が示すところである。それゆえ、同じプレイルームで同じおもちゃがあったとしても、クライエントによってまったく異なる遊びが創り出される。その子どもが選び、その子どもなりに使うときにだけ、おもちゃはその子どもによって息が吹き込まれ、動き出すのである。第1章と第5章で取り上げたAでは、発達検査の用具（新版K式発達検査はめ板課題の○△□の積木）が、まさに動き出し、なかなか△の名称が三角であることにしっくりこなかったAのところに、△の積木が「さんかくさ

第8章　プレイセラピーにおける実在性（actuality）

ん」としてやってきてくれたということが起こるなど（黒川, 2006）、その子ども独自の体験プロセスを促進する重要な役割を果たす。

　こうしたおもちゃのactualityについて、Winnicott（1971 / 2015）の移行対象論を参照することができる。たとえば、ある毛布が母親を象徴するものであるということと、現実には、母親でなく毛布であるというそのものの実在性（actuality）は同じくらい重要である。個人に特有な心的現実と2人の個人に共通に知覚される外的現実のどちらとも関連をもっているが、どちらに属するのかという正当性を問われないものである。移行対象は、「最初の自分ではない所有物」である。プレイセラピーにおけるおもちゃも、そのセッション内においてクライエントの所有物になる。"自分にとって"大切なものがあるということは、子ども自身が主体的に生きていること、また環境に抱えられていることを実感することにつながる。車が駐車場から出られないという停滞や閉塞感が表れた遊びであっても、そのミニカーもその道路も、Bにとって大切なおもちゃであった。また、ホワイトボードに書いた「1」と「0」も、まさに生き生きとしていた。Bは、このときセラピストとのあいだで「1」と「0」、特に「0」に特別の思いを抱いたことを表現したが、数字はプレイルームの外でも使える。小学校に入り、1年何組か、そして出席番号が何番か、そのような数字も、自分を表す大切なものとなる。同時に、他の人と共有でき、自在に使えるものでもある。Winnicott（1971 / 2015）は、このように個人に特有の心的現実と、外的客観的現実のあいだにある体験の中立領域を遊ぶことの領域とし、二つの現実の相互作用による不確かさを、遊ぶことの本質の一つとしている。つまり、「おもちゃを言葉のように用いた遊びという言語」（Landreth, 2012 / 2014）でやりとりするプレイセラピーは、内的現実と外的現実のあいだを行ったり来たりするその

141

時、その場で生じている動きの中で成り立っていると言える。

遊びのゴール

　心的現実（内的主観的現実）と外的客観的現実のあいだの相互作用は、プレイセラピーの目的や有効性についての問いと向き合うことでもあろう。子どもにとって遊ぶことが大切で意味あることだと認めるからこそ、プレイセラピーを有効な心理療法の一つだと考える。つまり、遊ぶことが、クライエントである子どもが直面している問題の改善や解消、そして子どもの成長自体に有効であろうと考える。（子どもが十分に言語化できないことを、遊びを用いる理由としていないことがわかる。）しかし一方で、プレイルームで展開される遊びが、クライエントの問題とどのように関わり、セラピストの関わりがどのように機能しているのかよくわからないという面がある。クライエントの保護者から投げかけられることもあれば、子どもに関わる他職種から投げかけられることもある疑問でもある。セラピスト自身も疑問を抱えながらやっていることもあるかもしれない。

　こうしたプレイセラピーの特徴について、弘中（2019）は、子どもの日常生活における現実と、セラピストとのあいだでおこなわれる遊びにおける現実という二つの現実が、まるで異次元の状況を呈することがよくあるとしている。そして、「ありがたいことに、多くの子どもは、プレイセラピーを本気で遊ぶ場と認識している」としたうえで、クライエントの現実的な問題状況に触れるのを回避しようとしているのではなく、もっと「別の回路を通じて、子どもの自我成長の課題にアプローチ

第8章　プレイセラピーにおける実在性（actuality）

しようとしている」と述べている。日常生活における現実の次元では、クライエントの困難な状況や問題を改善するために、子どもの遊びを大切にするという発想であり、遊びは目的を達成するための手段となる。一方、遊びの次元では、目的を志向しない。Newson, J. & Newson, E. (1979 / 2007) は、遊び始めるときに、こんな目標を達成したいなどということを必ずしも意識しておらず、考えたり、感じたりする両面で、特定の目的にしばられずに遊ぶこと、想像力にまかせて自由に振る舞うことによって初めて、これらの目標が明々白々となり、やがて、遊びが特定の方向へ進んでいくのが見えてくると述べている。さらに、合意の中で決められたルールの上に成り立つゲームと対比して、遊びは、あらかじめ合意されたルール構造がないことを指摘している。仮に何らかのルールがあったとしても、それはあくまでも個人的、主観的、特異的なものであり、そのルールはいつでも捨て去ることができるような行き当たりばったりで無限に柔軟性のある活動としている。

　だからこそ、セラピストは、クライエントの遊びについていくことは簡単ではなく、行き先がわからないプロセスに不安を感じるときもある。大人の方が、"早く""ゴールに"辿り着きたくなるのかもしれない。遊びは、いわば、拡散的思考回路の創造的活動であり、セラピストも遊びの次元にしっかり入らないと、クライエントと真に関わることはできない。また、どの子どもも遊びに自分独自のパーソナリティをもち込んでくる (Newson, J. & Newson, E., 1979 / 2007) ため、セラピストはクライエント理解が必要となる。ただ、このクライエント理解が、保護者などから語られる"情報"をもとにして、遊びに一つの答えを出す収束的思考になり、心的現実と外的客観的現実の相互作用の動きを止めてしまわないことが肝要である。先のBの道路作りも、道を整備して街のようにし

143

ていくというプロセスは、成長しつつあるBを表しているものでもあろう。また"数"への驚きを示すBは、知的関心へと開かれていることがわかる。遊びからクライエントを理解しようとする方向とクライエントから遊びを理解しようとする方向の相互作用が大切である。

子どもの「ことば」と大人の言葉

　プレイセラピーの体験を言葉にすることについて、「心の中で、これが真実だと経験してきたことを伝えようとするのは、恐れ多い仕事」であるとLandreth（2012 / 2014）は述べており、筆者も同感である。プレイセラピーが、心的現実と外的現実のあいだで、その正当性が問われない体験であることの証と言えるが、田中（2011）や伊藤（2017）も指摘しているように、言葉にすることによって理解を深め、保護者や子どもの育つ環境にいる大人たちと共有可能なものにしていくことは、専門家としての責務であろう。上記のように述べているLandreth（2012 / 2014）もまた、プレイセラピストがすべき最も重要なことの一つとして、保護者にプレイセラピーについて説明し、理解を得ることを挙げている。

　そのためにセラピストは、クライエントとの関係性に固有の「ことば」と、一般に共有可能な「言葉」の両方を話せるバイリンガルになるトレーニングが必要ではないかと考えている。たとえば、ある4歳の子どもが30代のセラピストに、「せんせい、おばあちゃん？」と聞いてきた。〈まだおばあちゃんとちがうと思うけどなあ……〉と返すも、表情は曇ったままである。「せんせい、おばあちゃんとちがう？」と繰り返す。もう少し話を聞いていくと、その子どもの中で、死に近いイメージとして

第8章　プレイセラピーにおける実在性（actuality）

「おばあちゃん」ということばを使い、セラピストもそうであったらどうしようと心配になっていたことがわかった。そうした不安をクライエントが抱えていることについて、保護者に伝えることが適切と判断した場合、どういう言葉で伝えるであろうか。そのクライエント特有の不安、4歳という心の成長からの不安、そして、伝えることで保護者がどんな反応をするかという見立てなど、多面的に検討しながら保護者に届く言葉を使う。容易いことではないが、こうした「ことば」と「言葉」を意識して、親面接の担当者とプレイセラピー担当者との話し合いをしてみるのも良い練習になるであろう。

　Bの事例は、母子並行面接という形式であったが、母親は自分自身の心のテーマを扱うことでいっぱいで、プレイセラピーの様子を聞かれることはほとんどなかった。もちろん、母親の心理的安定や両親の関係が落ち着くことが、Bも落ち着くことにつながる。ただ、来談当初の状態からBの目に見える症状が改善したことで、子どもへの関心が薄れがちになったのも事実である。本事例に限らず、今や、子どもが育つ環境として親や家族が適切に機能することが難しいケースが多くある。また、親だからといっても、大人自身も自分の行き先がわかっているわけではない。家族という形態も価値観も多様化する中で、親面接において使われる「言葉」が、拡散的思考が可能な「ことば」になり得ることも心にとめておきたい。その言葉を、そのクライエントが選び、使うことによって、その時、その場で生き生きする「ことば」になる。ちょうど言葉もおもちゃのように。

　子どもの「ことば」には、音の響きという特性や身体性をともなう特徴があるが、「ことば」と「言葉」を使えるように、クライエントの語りに耳を傾けるほかに、子どもを対象とした本、またその著者などから学

145

ぶところは大きい。絵本や児童文学で描き出される子どもの内的体験、そこで使われている絵による表現と言葉（ことば）による表現、またそれを描き出した著者の思い、考えを語る言葉（ことば）などである。その一つであるが、子どもの本の翻訳、研究、制作をおこなっていた灰島かりが、『絵本を深く読む』(灰島, 2017) の序論で、「ストーリー運びを追うだけでは味わいつくせない細部の描写にこめたメッセージや遊びを豊かに受け取るために」「それに響き合える『身体』を備える必要がある」と述べている。プレイセラピストにも共通するところがあるのではないだろうか。セラピスト自身が、みずからの身体性や実在性に開かれていることが、プレイセラピストとしての感受性を発揮することにつながるのである。

終章

不確かさのなかの確かさ

　ここまで論じてきたように、乳幼児期の関わり合いは、無様式知覚による生気情動レベルでの関わり合いがベースとなる。

　ある特急電車の中で、母親の膝に抱かれた6〜7か月くらいの男児が、ぐずぐずと泣き声を出している。激しく大きな声で泣くわけではないが、母親が抱き上げたり、おもちゃを出してあやしてもぐずぐずが止まない。ミルクは飲んだところだし、オムツも濡れてないし……と、母親も困り顔で男児をなだめるようにトントンとしている。何とも言えない男児のぐずり声は続く。すると、隣のボックス席に座っていた筆者の知人が、「電車酔いよねえ。気持ち悪いのよねえ。私も酔うから分かる、一緒」と確信めいてつぶやいた。

　このエピソードは筆者にとって、本当だろうかと思いながらも、身体感覚で"分かる"という確かさが印象的であった。実際にこの男児が乗り物酔いの気持ち悪さでぐずっていたのかどうかは確かめようがないことであり、また、「私もそうだから分かる」という理解の仕方は、一般的な他者理解であり、心理臨床家の専門性とはまったく異なるものである。そうではあるが、Stern (1985 / 1989) が、言葉の獲得によって対人世界や自己感に新しい体験様式が出現するが、それ以前の前言語的な体験様式は存在し続けると述べているように、関わり手の身体感覚から得た直感や体験を手がかりに、乳幼児（やクライエント）を理解していくことは、互いが"共にある"というつながりの上に成り立つ理解と言えるのではないだろうか。子どもの「ことば」やプレイセラピーが、不確かさを特徴としながらも、確かさがあるのは、こうした原初的な響き合いが

終章

生じるからである。

乳幼児期のこころを育む環境

　本書には、"父親"が登場しなかった。上記のような感受性は、男性だから、女性だからというものではない。それでも、取り上げた事例や調査においても、筆者が関わった対象は乳幼児と母親であり、考察するために参照した理論も乳幼児と母親との関わり合いとして描かれている。母親だけでなく父親も含めた養育者、さらには実父母だけでなく乳幼児の養育に関わる存在を広く想定して、本文中ではなるべく「養育者」という語を用いたが、はたして母親以外の養育者を思い描きながら読み取ることができるだろうか。

　Stern et al. (1998 / 2012) は、「子どもは三歳までは母親との二人組（二者関係）の中に生き、そこに父親が侵入してきてその二人組を三人組（三者関係）に変える」という伝統的な見方が変わり始めていることに言及しているが、日本においても、父親の育児休業取得の推進や、1歳までの育休とは別に「産後パパ育休」制度が2022年10月に施行されるなど、父親の存在感は大きくなっている。そうした中で、母親のみならず父親の産後うつや育児うつの問題も注目されるようになり、乳幼児期の親子のメンタルヘルスケアは重要な課題である。

　そういった問題意識のもと、たとえば本書で論じた、妊娠期および妊娠後期に母親の感受性が高まる「原初的没頭（primary maternal preoccupation）」（Winnicott, 1956 / 2005）や、Dolto（1984 / 1994）の離乳のプロセスといった母親の身体性を含んだ概念が父親にも相当するのかは、これからの検討

149

課題である。それでも、infantの時期から、母子、父子の2パターンの二人組があること、同時に、子ー父ー母の三人組ユニットがあるという関係性は、複雑ではあるが、母子の閉じた関係ではなく、社会的資源も含めた開かれた関係性に基づくこころの育ちを検討することにつながるであろう。

あとがき

　心理臨床の道に進み、気がつけば四半世紀が経とうとするなかで、ようやく一冊の本としてまとめることができました。なかなか言葉にならず、歩みの遅い筆者を見守り、背中を押してくださった先生方、関係者の方々に御礼申し上げます。

　本書に取り組むなかで、大学附属の心理相談施設のほか、保健センター、療育施設、小児科、保育園や幼稚園、その他子育て支援施設で出会ったたくさんの子どもたちと養育者の方たち、そして乳幼児期の親子支援に携わる他職種の方たちのお顔や共に過ごした場所が浮かんできました。事例研究においても、調査研究においても、ご理解、ご協力くださった方々に心から感謝申し上げます。そのとき乳幼児だった子どもさんたちが、学童期、思春期をどのように過ごし、その人らしく歩まれているのだろうと想像するとともに、あらためて、乳幼児期の心理臨床が、乳幼児期だけでなくその後に続く豊かな人生に少しでも寄与できるようにしたいという思いを強くしました。

　乳幼児心理臨床にたずさわって初めの頃、保健師の方を中心に、保育士、栄養士、看護師、心理士が集まり発達支援、子育て支援の親子教室をおこなっていました。手作りのミニ運動会や七夕などの季節に合わせた活動で、多職種連携のもと、心理の専門性について意識する場でもありましたが、参加している子どもたちとは、一緒に踊ったり、歌ったりしていました。自分自身が親になったとき、乳幼児と共に過ごすときに

こんなに歌うものなのかと驚いた記憶もあります。そうした体験が、言葉を話す大切さを踏まえつつも、音の響きやリズム、旋律のようなものを共有する体験に着目するところにつながったのかもしれません。

　また、筆者は、子どもの話を聴くこと、心の声を聴くことを専門とする人がいてもよいのではないかと、なぜだか分からないけれども揺るがない思いに導かれて今に至っています。子どもの言葉になっていない声を聴くことや、言葉にならない声に耳を傾けること、遊びの中に表現されることに身体感覚も総動員しながら応答することは、容易いことではありません。何をやっているのかよくわからないような感覚に陥ることもしばしばあります。一方で、もしかして、今こういう気持ちなのかもしれない、こういうことを伝えようとしているのかもしれないという新鮮な発見の連続でもあります。あくまでも、〜かもしれないという仮説なので、そうではないかもしれない可能性が常に含まれます。それゆえに、クライエント理解に真摯に向き合い、対話していく関係性を築いていくことになり、こうしたプロセスが心理臨床の醍醐味のように思います。心理臨床家の一人として、心理専門職を養成する立場の一人として、その醍醐味を伝えられるよう言葉を磨いていきたいと思います。

　筆者は、現在、奈良女子大学の生活環境科学系臨床心理学領域に所属しています。乳幼児期は、食べて（ミルクを飲んで）、排泄をして、お風呂に入り（清潔にして）、眠るという生活から切り離せないのも特徴です。生活するという具体的営みが主観的な体験とつながっていて、こころという不確かなものが、生活という確かなものの中で育まれると言えるのかもしれないとも考えます。

　創元社・宮﨑友見子さんには、初めての書籍化の作業において、まさ

あとがき

にヨチヨチ歩きでご迷惑をおかけしながら、大変お世話になりました。
ありがとうございました。

　最後に、生活の中でヒントを与えてくれる存在であり、本書の執筆中
も支えてくれた家族に心から感謝を伝えます。

2024年12月25日

黒川嘉子

文献

◆序章

兼本浩祐（2020）．発達障害の内側から見た世界——名指すことと分かること（講談社選書メチエ）　講談社

こども家庭庁（2023）．幼児期までのこどもの育ちに係る基本的なビジョン（はじめの100か月の育ちビジョン）　https://www.cfa.go.jp/policies/kodomo_sodachi（2024年10月23日最終閲覧）

こども家庭庁（2024）．児童発達支援ガイドライン　https://www.cfa.go.jp/policies/shougaijishien/shisaku（2024年10月23日最終閲覧）

Music, G. (2011). *Nurturing Natures: Attachment and Children's Emotional, Sociocultural and Brain Development.* 鵜飼奈津子（監訳）（2016）．子どものこころの発達を支えるもの——アタッチメントと神経科学、そして精神分析の出会うところ　誠信書房

小椋たみ子・小山正・水野久美（2015）．乳幼児期のことばの発達とその遅れ——保育・発達を学ぶ人のための基礎知識　ミネルヴァ書房

Shonkoff, J. P.(2022). *Connecting the Brain to the Rest of the Body: Early Childhood Development and Lifelong Health Are Deeply Intertwined.* WORKING PAPER 15. National Scientific Council on the Developing Child. The Center on the Developing Child Harvard University

Stern, D. N. (1985). *The Interpersonal World of the Infant : A View from Psychoanalysis and Developmental Psychology.* New York: Basic Books.　小此木啓吾・丸田俊彦（監訳）（1989）．乳児の対人世界——理論編　岩崎学術出版社

滝川一廣（2024）．子どもとあゆむ精神医学　日本評論社

戸川行男（1955）．幼児・児童絵画統覚検査解説　CAT日本版　金子書房

友田明美（2017）．マルトリートメントに起因する愛着形成生涯の脳科学的知見　予防精神医学, 2（1), 31-39.

Winnicott, D. W. (1953). Transitional Objects and Transitional Phenomena : A Study of the First not-me Possession. *International Journal of Psycho-Analysis*, 34, 89-97.

Winnicott, D. W. (1965). *In The Maturational Processes and the Facilitating Environment.* London: Hogarth Press　大矢泰士（訳）(2022)．成熟過程と促進的環境——情緒発達理論の研究　岩崎学術出版社

Winnicott, D. W. (1971). *Playing and Reality.* London: Tavistock Publications　橋本雅

雄（訳）（1979）．橋本雅雄・大矢泰士（訳）（2015）．改訳遊ぶことと現実　岩崎
　　学術出版社
山登敬之（2011）．ヘンな子、変わった子［自閉症スペクトラム障害］入門　子ども
　　の精神疾患──悩みと病気の境界線　こころの科学, 22-27.
山崎晃資（2015）．なぜこの特集を組んだのか──自閉症スペクトラム障害の診断と
　　支援のあり方　特集『自閉症スペクトラム障害の臨床を問う』　精神療法, 41
　　（4）, 461-467.

◆ 第1章

American Psychiatric Association (2022). *Desk Reference to the Diagnostic Criteria from DSM-5-TR.* Washington, D. C.: American Psychiatric Association Publishing. 日本精神神経学会（監修）高橋三郎・大野裕（監訳）（2023）．DSM-5-TR精神疾患の分類と診断の手引き　医学書院
河村雄一（2009）．乳児期からはじまる広汎性発達障害の発達支援　本城秀次（監修）
　　子どもの発達と情緒の障害──事例からみる児童精神医学の臨床　岩崎学術出
　　版社
北山修（2005）．共視母子像からの問いかけ　北山修（編）共視論──母子像の心理
　　学　講談社　第1章　pp.8-46.
厚生労働省（2024）．令和4年度地域保健・健康増進事業報告の概況　https://www.mhlw.go.jp/toukei/saikin/hw/c-hoken/22/index.html（最終閲覧日2024年10月23
　　日）
小嶋謙四郎（1998）．第6章　見つめる─目をそらす　赤ちゃん学序説　川島書店
　　pp.41-47.
久保田まり（2020）．関係性における遊び──乳児期の関わり合いとmusicking（音
　　楽すること）　乳幼児医学・心理学, 29 (2), 117-131.
Mazokopaki, K. & Kugiumutzakis, G. (2009). *Infant rhythms: Expressions of musical companionship.* Oxford University Press. 坂井康子（訳）（2017）．乳児のリズ
　　ム──音楽的コンパニオンシップの表現　根ケ山光一他（監訳）絆の音楽性──
　　つながりの基盤を求めて　音楽之友社　pp.178-199.
Music, G. (2011). *Nurturing Natures: Attachment and Children's Emotional, Sociocultural and Brain Development.* Psychology Press. 鵜飼奈津子（監訳）(2016)．子どものこころの発達を支えるもの──アタッチメントと神経科学、
　　そして精神分析の出会うところ　誠信書房
Ogden, T. H. (1986). *The Matrix of the Mind : Object Relations and the Psychoanalytic Dialogue.* Colchester, UK : Jason Aronson Inc. 狩野力八郎（監訳）藤山直樹（訳）

（1996）．こころのマトリックス──対称関係論との対話　岩崎学術出版社

Ogden, T. H. (1994). *Subjects of Analysis*. Jason Aronson Inc. 和田秀樹（訳）（1996）．「あいだ」の空間─精神分析の第三主体　新評論

大藪泰（2004）．共同注意──新生児から2歳6か月までの発達過程　川島書店

Stern, D. N. (1985). *The Interpersonal World of the Infant : A View from Psychoanalysis and Developmental Psychology*. New York: Basic Books. 小此木啓吾・丸田俊彦（監訳）（1989）．乳児の対人世界──理論編　岩崎学術出版社

滝川一廣（2024）．子どもとあゆむ精神医学　日本評論社

内海健（2015）．自閉症スペクトラムの精神病理──星をつぐ人たちのために　医学書院

Winnicott, D. W. (1952) *Anxiety Association with Insecurity*. London: Tavistock Publications Ltd. 北山修（監訳）（1989）．安全でないこと関連した不安　小児医学から児童分析へ　ウィニコット臨床論文集Ⅰ　岩崎学術出版社　pp.145-150.

Winnicott, D. W. (1971). *Playing and Reality*. London: Tavistock Publications. 橋本雅雄（訳）（1979）．遊ぶことと現実　橋本雅雄・大矢泰士（2015）改訳遊ぶことと現実　岩崎学術出版社

◆第2章

Flack, M. (1932). *Ask Mr. Bear*. New York: Macmillan Co. 光吉夏弥（訳・編）（1980）．おかあさんのたんじょうび　岩波の子どもの本（5）おかあさんだいすき　岩波書店

Frued, S. (1914, 1920). Drei Abhandlungen zur Sezualtheorie. 渡邉俊之（訳）（2009）．性理論のための三篇　フロイト全集第6巻　岩波書店　pp.165-310.

神沢利子（1969／2020）．新装版くまの子ウーフ　ポプラ社

神沢利子（1999）．おばあさんになるなんて　晶文社

黒川嘉子（2006）．遊戯療法の過程──遊ぶこと・話すこと　伊藤良子（編）現代のエスプリ　臨床心理面接研究セミナー　事例に学ぶ心理臨床実践セミナーシリーズ　至文堂　pp.170-183.

平井正三（2015）．精神分析と子育て支援　子育て支援と心理臨床, vol.10, 6-12.

本田和子（1992）．異文化としての子ども（ちくま学芸文庫）　筑摩書房

Landreth, G. L. (2012). *Play Therapy : The Art of Relationship, 3rd edition*. London: Taylor & Francis Group, LLC. 山中康裕（監訳）（2014）．新版プレイセラピー──関係性の営み　日本評論社

Lieberman, A. F. (2018). *The Emotional Life of Toddler*. Simon & Schuster, Inc. 青木紀久代・西澤奈穂子（監訳）伊藤晶子（訳）（2021）．トドラーの心理学──1・2・3

文献

　　歳児の情緒的体験と親子の関係性援助を考える　福村出版

Mahler, M. S., et al. (1975). *The Psychological Birth of the Human Infant*. New York: Basic Books Inc. 高橋雅士・織田正美・浜畑紀（訳）（2001）．乳幼児の心理的誕生──母子共生と個体化　黎明書房

森さちこ（2005）．症例でたどる子どもの心理療法──情緒的通いあいを求めて　金剛出版

妙木浩之（2015）．夫婦関係と子育て──エディプスとアジャセ　子育て支援と心理臨床，vol.10, 13-19.

Prifitera, A., et al. (2005). *WISC-Ⅳ Clinical Use and Interpretation: Scientist-Practitioner Perspectives*. Elsevier Inc. 上野一彦（監訳）（2012）．WISC-Ⅳの臨床的利用と解釈　日本文化科学社

高石恭子（2010）．臨床心理士の子育て相談──悩めるママとパパに寄り添う48のアドバイス　人文書院

高石恭子（2021）．子育ての常識から自由になるレッスン──おかあさんのミカタ　世界思想社

つちだのぶこ（2001）．でこちゃんとらすたくん　PHP研究所

Winnicott, D. W. (1950). *Knowing and Learning*. The Winnicott Trust. 成田善弘・根本真弓（訳）（1993）．体験的に知ることと知的に学ぶこと　ウィニコット著作集Ⅰ赤ん坊と母親　岩崎学術出版社　pp.27-33.

Winnicott, D. W. (1966). *The Ordinary Devoted Mother*. The Winnicott Trust. 成田善弘・根本真弓（訳）（1993）．普通の献身的なお母さん　ウィニコット著作集Ⅰ赤ん坊と母親　岩崎学術出版社　pp.15-26.

矢野智司（2002）．動物絵本をめぐる冒険──動物－人間学のレッスン　勁草書房

◆第3章

Axline, V. M. (1947). *Play Therapy*. Boston: Houghton Mifflin Co. 小林治夫（訳）（1972）．遊戯療法　岩崎学術出版社

Dolto, F. (1984). *L'image inconsciente du corps*. Paris: Éditions du Seuil. 榎本譲（訳）（1994）．無意識的身体像　子供の心の発達と病理1, 2　言叢社

Dolto, F. (1987). *Dialogues québécois*. Éditions du Seuil. 小川豊昭・山中哲夫（訳）（1994）．子どもの無意識　青土社

Freud, S. (1908／1969). *Der Dichter und das phantasieren*. Sigmund Freud GESAMMELTE WERKE Bd. XIV. 1948 London: Imago Publishing Co. 高橋義孝（訳）（1969）．詩人と空想すること　フロイト著作集3　人文書院　pp.81-89.

東直子（2015）．好き嫌いの理由　母の風景⑧　母の友, 11月号　福音館書店　6–7.

本田和子（1992）．異文化としての子ども（ちくま学芸文庫）　筑摩書房

Imai, M., Kita, S., Nagumo, M. & Okada, H. (2008). Sound symbolism facilitates early verb learning. *Cognition*, 109, 54-65.

鹿島和夫・灰谷健次郎（1994）．一年一組せんせいあのね　それから　理論社

駒形克己（1999）．ごぶごぶ　ごぼごぼ　福音館書店

工藤直子（選）（2011）．こどものひろば　母の友　福音館書店

工藤直子（選）（2015）．こどものひろば　母の友　福音館書店

Landreth, G. L. (2012). *Play Therapy : The Art of Relationship, 3rd edition*. London: Taylor & Francis Group,LLC. 山中康裕（監訳）（2014）．新版プレイセラピー──関係性の営み　日本評論社

Malloch, S. & Trevarthen, C. (2009). *Communicative Musicality: Exploring the Basis of Human Companionship*. New York: Oxford University Press　根ケ山光一・今川恭子・蒲谷慎介・志村洋子・羽石英里・丸山慎（監訳）(2018)．絆の音楽性──つながりの基盤を求めて　音楽之友社

まついのりこ（2001）．じゃあじゃあ　びりびり　偕成社

宮崎美智子・岡田浩之・針生悦子・今井むつみ（2010）．対成人・対幼児発話におけるオノマトペ表出の違い──母子絵本読み調査における検討から　電子情報通信学会技術研究報告．TL，思考と言語，110 (63), 27–31.

元永定正（1990）．がちゃがちゃどんどん　福音館書店

小椋たみ子・吉本祥江・坪田みどり（1997）．母親の育児語と子どもの言語発達，認知発達　神戸大学発達科学部研究紀要，5 (1), 1-14.

篠原和子・宇野良子（編）（2013）．オノマトペ研究の射程──近づく音と意味　ひつじ書房

Stern, D. N. (1985). *The Interpersonal World of the Infant*. New York: Basic Books. 小此木啓吾・丸田俊彦（監訳）（1989）．乳児の対人世界　理論編・臨床編　岩崎学術出版社

田中千穂子（2011）．プレイセラピーへの手びき──関係の綾をどう読みとるか　日本評論社

谷川俊太郎（作）元永定正（絵）（1977）．もこもこもこ　文研出版

鵜飼奈津子（2010）．子どもの精神分析的心理療法の基本　誠信書房

山下洋輔（文）元永定正（絵）中辻悦子（構成）（1990）．もけらもけら　福音館書店

◆第4章

Dolto, F. (1987 ／ 1994) . *Dialogues québécois*. Éditions du Seuil. 小川豊昭・山中哲夫（訳）（1994）．子どもの無意識　青土社

文献

Fraiberg, S. H. (1959). *The Magic Years*. New York: Charles Scribner's Sons. 詫摩武俊・高辻玲子（訳）（1992）．小さな魔術師──幼児期の心の発達　金子書房

Lieberman, A. F. (2018). *The Emotional Life of Toddler*. Simon & Schuster, Inc. 青木紀久代・西澤奈穂子（監訳）伊藤晶子（訳）（2021）．トドラーの心理学──1・2・3歳児の情緒的体験と親子の関係性援助を考える　福村出版

小椋たみ子・小山正・水野久美（2015）．乳幼児期のことばの発達とその遅れ──保育・発達を学ぶ人のための基礎知識　ミネルヴァ書房

Stern, D. N. (1985). *The Interpersonal World of the Infant*. New York: Basic Books 小此木啓吾・丸田俊彦（監訳）（1989）．乳児の対人世界　理論編・臨床編　岩崎学術出版社

Winnicott, D. W. (1953). Transitional Objects and Transitional Phenomena : A Study of the Firstnot-me Possession. *International Journal of Psycho - analysis*, 34, 89-97.

◆第5章

Biringen, Z. & Robinson, J. (1991). Emotional Availability in mother–child interactions: A Reconceptualization for Research. *American journal of Orthopsychiatry*,61(2), 258-271.

Emde, R. N. (1980). *Emotional Availability: A Reciprocal Reward System for Infants and Parents with Implications for Prevention of Psychosocial Disorders*. New York: Grune & Stratton.

Emde, R. N. (1989). *The Infant's Relationship Experience : Developmental and Clinical Aspects*. New York: Basic Books Inc. 小此木啓吾（監訳）（2003）．乳幼児の関係性の経験 ── 発達的にみた情緒の側面　早期関係性障害　岩崎学術出版社 pp.39-61.

Emde, R. N., Osofsky, J. D. & Butterfield, P. M. (1993). *The Ifeel Pictures: A New Instrumet for Interpreting Emotions*. Madison Connecticut : International Univ. Press.

市川寛子（2013）．乳児による顔の動きへの選好　発達研究, 27, 13-18.

鹿島和夫・灰谷健次郎（1994）．一年一組せんせいあのね　それから　理論社

勝浦眞仁（2011）．相貌性を知覚するアスペルガー症候群生徒の1事例──知覚共有体験から生まれた理解と援助　国立特別支援教育総合研究所研究紀要, 38, 83-94.

小林隆児（2004）．自閉症とことばの成り立ち　ミネルヴァ書房

鯨岡峻（1997）．原初的コミュニケーションの諸相　ミネルヴァ書房

倉光修・黒川嘉子（2015）第6章　発達障害がある子ども　伊藤良子・津田正明（編

集）情動と発達・教育──子どもの成長環境（情動学シリーズ3）　朝倉書店　pp.100-111.

まど・みちお（2005）．いわずにおれない　集英社

森さち子（2005）．症例でたどる子どもの心理療法──情緒的通いあいを求めて　金剛出版

長屋佐知子（2009）．日本版IFEEL Pictures に対する反応特性の研究　風間書房

ニキリンコ・藤家寛子（2004）．自閉っ子、こういう風にできてます！　花風社

小野明（編）（2018）．絵本の冒険「絵」と「ことば」で楽しむ　フィルムアート社

Piaget, J. (1929). *The Child's Conception of the World*. London: Kegan Paul, Trench & Trubner. 大伴茂（訳）（1955）．児童の世界観臨床児童心理学Ⅱ　同文書院

Pollak, S. D., & Tolley–Schell, S. A. (2003). Selective Attention to Facial Emotion in Physically Abused Children. *Journal of Abnormal Psychology*, 112(3), 323-338.

佐々木マキ（2013）．まちには　いろんな　かおがいて　福音館書店

清水光恵（2018）．第1章　他者の顔、わたしの顔──顔が存在するための条件とは　鈴木國文・内海健・清水光恵（編著）発達障害の精神病理Ⅰ　星和書店　pp.5-21.

新版K式発達検査研究会（2008）．新版K式発達検査法2001年版──標準化資料と実施法ナカニシヤ出版

Sorce, J. F., Emde, R. N., Campos, J. & Klinnert, M. D. (1985). Maternal Emotional Signaling : Its Effects on the Visual Cliff Behavior of 1–year–olds. *Developmental Psychology*, 21(1), 195-200.

Stern, D. N. (1985). *The Interpersonal World of the Infant*. New York: Basic Books. 小此木啓吾他（訳）（1989）．乳児の対人世界　岩崎学術出版社

滝川一廣（2024）．第4章　自閉症スペクトラムにおける体験世界　子どもとあゆむ精神医学　日本評論社　pp.75-84.

山口真美（2010）．赤ちゃんは顔をよむ　日本視能訓練士協会誌, 39, 1-8.

山口真美・金沢創（2008）．赤ちゃんの視覚と心の発達　東京大学出版会

読売新聞生活部（監修）（2017）．ことばのしっぽ──「こどもの詩」50周年精選集　中央公論新社

吉川左紀子（2000）．顔・表情認知研究の最前線　映像情報メディア学会誌, 54 (9), 1245-1251.

Werner, H. (1948). *Comparative Psychology of Mental Development*. Chicago: Follett Pub. Co. 園原太郎・鯨岡峻・浜田寿美男（訳）（2015）．発達心理学入門──精神発達の比較心理学　ミネルヴァ書房

Winnicott, D. W. (1967). *The Predicament of the Family: A Pscho–Analytical*

Symposium. London: Hogarth Press and the Institute of Psycho-Analysis. 橋本雅雄・大矢泰士（訳）（2015）．改訳遊ぶことと現実　岩崎学術出版会

◆第6章

Dolto, F. (1984). *L'image inconsciente du corps*. Paris: Éditions du Seuil. 榎本讓（訳）（1994）．無意識的身体像　子供の心の発達と病理1，2　言叢社

遠藤利彦（1989）．移行対象に関する理論的考察——特にその発現の機序をめぐって　東京大学教育学部紀要，29, 229-241.

Erikson, E. H. & Erikson, J. M. (1997). *The Life Cycle Completed*. New York: W. W. Norton & Company, Inc. 村瀬孝雄・近藤邦夫（訳）（2001）．ライフサイクル、その完結（増補版）　みすず書房

藤井京子（1985）．移行対象の使用に関する発達的研究　教育心理学研究，33, 106-114.

Fraiberg, S. H. (1959). *The Magic Years*. New York: Charles Scribner's Sons 詫摩武俊・高辻玲子（訳）（1992）．小さな魔術師——幼児期の心の発達　金子書房

Gaddini, R. & Gaddini, E. (1970). Transitional Objects and the Process of Individuation. *Journal of the American Academy of Child Psychiatry*, 9, 347-365.

Hobara, M. (2003). Prevalence of Transitional Objects in Young Children in Tokyo and New York. *Infant Mental Health Journal*, 24(2), 174-191.

Hong, K. M. & Townes, B. D. (1976). Infants' Attachment to Inanimate Objects; A Cross-Cultural Study. *Journal of the American Academy of Child Psychiatry*, 15, 49-61.

井原成男（1996）．ぬいぐるみの心理学——子どもの発達と臨床心理学への招待　日本小児医事出版社

鹿島和夫・灰谷健次郎（1994）．一年一組せんせいあのね　それから　理論社

黒川嘉子（1999）．乳幼児の就眠時行動に関する理論的考察——協議の移行対象論から自己調節論へと視点をうつして　京都大学大学院教育学研究科紀要，45, 342-352.

黒川嘉子（2020）．離乳のプロセスにおける喪失と象徴化——乳幼児をもつ母親にとっての「言葉」　奈良女子大学心理臨床研究，7, 25-30.

Mahalski, P. A. (1983). The Incidence of Attachment Objects and Oral Habits at Bedtime in Two Longitudinal Sample of Children Aged 1. 5-7 years. *Journal of Child Psychology and Psychiatry*, 24(2), 283-295.

Ogden, T. H. (1986). *The Matrix of the Mind : Object Relations and the Psychoanalytic Dialogue*. Colchester,UK: Jason Aronson Inc. 狩野力八郎（監訳）藤山直樹（訳）（1996）．こころのマトリックス——対称関係論との対話　岩崎学術出版社

王怡今・森定美也子（2023）．日本と台湾における乳幼児の移行対象の出現に関する比較文化研究　聖路加国際大学紀要, 9, 27-34.

Stern, D. N. (1985). *The Interpersonal World of the Infant : A View from Psychoanalysis and Developmental Psychology*. New York: Basic Books.　小此木啓吾・丸田俊彦（監訳）（1989）．乳児の対人世界──理論編　岩崎学術出版社

杉山友葉・橋本創一他（2023）．乳幼児の保護者が感じる"育てにくさ"と臨床心理学的支援に関する調査研究　東京学芸大学教育実践研究紀要, 19, 63-69.

竹内健児（2004）．ドルトの精神分析入門　誠信書房

Winnicott, D. W. (1945). *Primitive Emotional Development*. London: Tavistock Publications Ltd. 北山修（監訳）（1989）．第10章　原初の情緒発達　小児医学から精神分析へ　ウィニコット臨床論文集Ⅰ　岩崎学術出版社　pp.191-210.

Winnicott, D. W. (1953). Transitional Objects and Transitional Phenomena : A study of the first not-me possession. *International Journal of Psycho-analysis*, 34(2), 89-97.

Winnicott, D. W. (1958). *A Capacity to be Alone*.　大矢泰士（訳）（2022）．一人でいられる能力　成熟過程と促進的環境──情緒発達理論の研究　岩崎学術出版社　pp.27-35.

Winnicott, D. W. (1965). A Capacity to be Alone. *In The Maturational Processes and the Facilitating Environment*. London: Hogarth Press 大矢泰士（訳）（2022）．一人でいられる能力　成熟過程と促進的環境──情緒発達理論の研究　岩崎学術出版社　pp.27-35.

Winnicott, D. W. (1971). *Playing and Reality*. London: Tavistock Publications 橋本雅雄（訳）（1979）橋本雅雄・大矢泰士（訳）（2015）改訳遊ぶことと現実　岩崎学術出版社

読売新聞生活部（編）（2017）．ことばのしっぽ──「こどもの詩」50周年精選集　中央公論新社

吉田美奈・浜崎隆司・黒田みゆき（2018）．幼児の添い寝に関する実態調査　上田女子短期大学紀要, 41, 1-16.

◆第7章

安達映子（2023）．第7章ナラティブ・プラクティスと情動　小森康永・D. デンボロウ・岸本寛史・安達映子・森岡正芳　ナラティブと情動──身体に根差した会話をもとめて　北大路書房　pp.193-226.

Bruner, J. S. (1983). *Child's Talk*. New York: Norton 寺田晃・本郷一夫訳（1988）．乳幼児の話しことば　新曜社

Dolto, F. (1987). *Dialogues québécois*. Éditions du Seuil. 小川豊昭・山中哲夫訳（1994）．

子どもの無意識　青土社

岩田純一（2001）．〈わたし〉の発達――乳幼児が語る〈わたし〉の世界　ミネルヴァ
　　書房

北山修（2005）．共視母子像からの問いかけ　共視論――母子像の心理学（講談社選
　　書メチエ）　講談社　pp.8-46.

久保田まり（1993）．絵画統覚検査による幼児のアタッチメントの内的ワーキング・
　　モデルに関する基礎的研究　秋田経済法科大学経済学部紀要, 17, 41-54.

Lacan, J. (1949). *Le stade du miroir comme formateur de la fonction du Je.* 宮本忠雄
　　（訳）（1972）．〈わたし〉の機能を形成するものとしての鏡像段階――精神分析の
　　経験がわれわれに示すもの　エクリ I　弘文堂　pp.125-134.

McLeod, J. (1997) *Narrative and Psychotherapy.* London: Sage Publications 下山晴彦
　　（監訳）（2007）．物語りとしての心理療法――ナラティブ・セラピィの魅力　誠
　　信書房

Nelson, K. (2006）. *Narratives from the Crib*, paperback edition. Cambridge,
　　Massachusetts, London: England First Havard University Press.

齋藤久美子（1999）．子どもの対人行動の臨床教育的観察研究――臨床児と一般健常
　　児を対象として　平成9・10年度科学研究費補助金基盤研究（B)(2)　研究成果
　　報告書

Stern, D. N. (1985). *The Interpersonal World of the Infant.* New York: Basic Books 小此
　　木啓吾・丸田俊彦（監訳）（1989）．乳児の対人世界――理論編　岩崎学術出版社

戸川行男（1955）．幼児・児童絵画統覚検査解説　CAT日本版　金子書房

内田伸子（1986）．ごっこからファンタジーへ――子どもの想像世界　新曜社

Vygotsky, L. S. (1962). 柴田義松（訳）（2001）．新装版　思考と言語　新読書社

Winnicott, D. W. (1953). Transitional Objects and Transitional Phenomena : A Study
　　of the First not-me Possession. *International Journal of Psycho-Analysis, 34*, 89-97.

Winnicott, D. W. (1971). *Mirror-role of Mother and Family in Child Development.*
　　London: Hogarth Press and the Institute of Psycho-Analysis 橋本雅雄（訳）
　　（1979）．小児発達における母親と家族の鏡としての役割　遊ぶことと現実　岩
　　崎学術出版社　pp.156-166.

やまだようこ（2005）．共に見ることと語ること――並ぶ関係と三項関係　北山修
　　（編）共視論――母子像の心理学（講談社選書メチエ）　講談社　pp.74-87.

◆第8章

Axline, V. M. (1947). *Play Therapy.* Boston: Houghton Mifflin Co.　小林治夫（訳）
　　（1972）．遊戯療法　岩崎学術出版社

Freud, S. (1908). *Der Dichter und das phantasieren.* Sigmund Freud GESAMMELTE WERKE Bd. XIV. 1948 London: Imago Publishing Co. 高橋義孝（訳）（1969）．詩人と空想すること　フロイト著作集3　人文書院　pp.81-89．道籏泰三（訳）（2007）．フロイト全集9　岩波書店　pp.227-240.

Freud, S. (1920). *Jenseits der Lustprinzips.* Sigmund Freud GESAMMELTE WERKE Bd. XIII. 1940 London: Imago Publishing Co. 井村恒郎・小此木啓吾（訳）（1996）．快感原則の彼岸　フロイト著作集6　人文書院　pp.150-194．須藤訓任（訳）（2006）．快原則の彼岸　フロイト全集17　岩波書店　pp.53-125.

灰島かり（2017）．絵本を深く読む　玉川大学出版部

弘中正美（2019）．没頭することとプレイセラピー　ユング心理学研究11　ユング心理学と子ども，13-22.

伊藤良子（2017）．遊戯療法──様々な領域の事例から学ぶ　ミネルヴァ書房.

黒川嘉子（2006）．自閉症児における自分ではない（no-me）体験──ある発達検査場面での形合わせ遊びを通して　遊戯療法学研究，5（1），3-11.

Landreth, G. L. (2012). *Play Therapy：The Art of the Relationship, Third Edition.* London: Taylor & Francis Group, LLC 山中康裕監（訳）（2014）．新版プレイセラピー──関係性の営み　日本評論社

Newson, J. & Newson, E. (1979). *Toys and Playthings.* Penguin Books Ltd. 三輪弘道他（訳）（2007）．おもちゃと遊具の心理学　黎明書房

田中千穂子（2011）．プレイセラピーへの手びき──関係性の綾をどう読みとるか　日本評論社

Winnicott, D. W. (1971). *Playing and Reality.* London: Tavistock Publications 橋本雅雄・大矢泰士（訳）（2015）．改訳遊ぶことと現実　岩崎学術出版社

◆終章

Dolto, F. (1984). L'image inconsciente du corps. Éditions du Seuil. 榎本讓（訳）（1994）．無意識的身体像　子供の心の発達と病理1、2　言叢社

Stern, D. N. (1985). *The Interpersonal World of the Infant.* 小此木啓吾・丸田俊彦（監訳）（1989）．乳児の対人世界　理論編・臨床編　岩崎学術出版社

Stern, D. N., Stern, N. B. & Freeland, A. (1998). *The Birth of a Mother: How the Motherhood Experience Changes You Forever.* 北村婦美（訳）（2012）．母親になるということ　新しい「私」の誕生　創元社

Winnicott, D. W. (1956). *Primary Maternal Preoccupation.* 小坂和子（訳）（2005）．母親の原初的没頭　北山修（監訳）小児分析から精神分析へ──ウィニコット臨床論文集　岩波学術出版社

─── 初出一覧 ───

本書執筆にあたり、以下の論文をもとに大幅に加筆修正をおこなった。なお、第3章・第4章・第5章の初出は、科学研究費助成事業（学術研究助成基金助成金）基盤研究（C）（一般）「乳幼児期の象徴化を生みだす分離と言葉に関する臨床心理学的研究」（課題番号：16K01867）の一環として研究したものである。

序章
本書のための書き下ろし

第1章
黒川嘉子（2005）小児科での発達フォローと心理療法──言葉が生まれる空間．山中康裕・河合俊雄（編）京大心理臨床シリーズ2　心理療法と医学の接点．創元社, 144-157

第2章
黒川嘉子（2016）大人と子どものあいだで生じる秩序の揺らぎ──家庭内における野生性．奈良女子大学心理臨床研究，第3号, 25-31

第3章
黒川嘉子（2017）子どもの「ことば」にみる音の響きと身体性．奈良女子大学心理臨床研究，第4号, 9-16

第4章
黒川嘉子（2018）乳幼児の言葉にみる音感性の移行対象──移行対象としての言葉をとらえる試み①．日本心理臨床学会第37回大会発表発表をもとに本書のために書き下ろした。

第5章
黒川嘉子（2019）表情を感じる体験世界──人との関係性・ものとの関係性．奈良女子大学心理臨床研究，第6号, 19-24

第6章
黒川嘉子（2004）移行対象・移行現象に関する二つの視点．心理臨床学
研究，第22巻第3号，285-296

第7章
黒川嘉子（2008）体験の中間領域からみる幼児のものがたり──CAT日
本版図版を用いて．佛教大学教育学部学会紀要，第7号，95-104

第8章
黒川嘉子（2019）プレイセラピー（遊戯療法）におけるactuality．精神
療法，第45巻第6号，61-66

終章
本書のための書き下ろし

◆著者紹介

黒川嘉子（くろかわ・よしこ）

奈良女子大学研究院生活環境科学系臨床心理学領域准教授。2001
年京都大学教育学研究科臨床教育学専攻博士後期課程研究指導認定
退学。京都大学博士（教育学）。臨床心理士、公認心理師。専門は
臨床心理学、乳幼児期からの子どもと養育者への心理臨床（プレイセラ
ピー、発達障害、子育て支援、小児科領域など）の実践と研究。著書
に『情動と発達・教育──子どもの成長環境（情動学シリーズ3）』（分
担執筆、朝倉書店、2015年）、『遊びからみえる子どものこころ』（分担
執筆、日本評論社、2014年）、『臨床心理学──全体的存在として人
間を理解する』（分担執筆、ミネルヴァ書房、2009年）などがある。

ことばとプレイセラピー
乳幼児期のこころを育む心理臨床

2025年3月20日　第1版第1刷発行

著　者	黒川嘉子
発行者	矢部敬一
発行所	株式会社　創元社

〈本　　社〉
〒541-0047　大阪市中央区淡路町4-3-6
TEL.06-6231-9010（代）　FAX.06-6233-3111（代）
〈東京支店〉
〒101-0051　東京都千代田区神田神保町1-2 田辺ビル
TEL.03-6811-0662（代）
https://www.sogensha.co.jp/

印刷所	株式会社　太洋社

©2025Printed in Japan　ISBN978-4-422-11653-2 C3311
〈検印廃止〉
落丁・乱丁のときはお取り替えいたします。

装丁・本文デザイン　長井究衡

JCOPY〈出版者著作権管理機構 委託出版物〉
本書の無断複製は著作権法上での例外を除き禁じられています。複製される場合は、そのつど事前に、出版者著作権管理機構（電話03-5244-5088、FAX 03-5244-5089、e-mail: info@jcopy.or.jp）の許諾を得てください。